CHIRGHISO
VOCABOLARIO

PER STUDIO AUTODIDATTICO

ITALIANO-
CHIRGHISO

Le parole più utili
Per ampliare il proprio lessico e affinare
le proprie abilità linguistiche

7000 parole

Vocabolario Italiano-Chirghiso per studio autodidattico - 7000 parole
Di Andrey Taranov

I vocabolari T&P Books si propongono come strumento di aiuto per apprendere, memorizzare e revisionare l'uso di termini stranieri. Il dizionario si divide in vari argomenti che includono la maggior parte delle attività quotidiane, tra cui affari, scienza, cultura, ecc.

Il processo di apprendimento delle parole attraverso i dizionari divisi in liste tematiche della collana T&P Books offre i seguenti vantaggi:

- Le fonti d'informazione correttamente raggruppate garantiscono un buon risultato nella memorizzazione delle parole
- La possibilità di memorizzare gruppi di parole con la stessa radice (piuttosto che memorizzarle separatamente)
- Piccoli gruppi di parole facilitano il processo di apprendimento per associazione, utile al potenziamento lessicale
- Il livello di conoscenza della lingua può essere valutato attraverso il numero di parole apprese

T&P Books Publishing
www.tpbooks.com

ISBN: 978-1-78767-032-7

Questo libro è disponibile anche in formato e-book.
Visitate il sito www.tpbooks.com o le principali librerie online.

VOCABOLARIO CHIRGHISO
per studio autodidattico

I vocabolari T&P Books si propongono come strumento di aiuto per apprendere, memorizzare e revisionare l'uso di termini stranieri. Il vocabolario contiene oltre 7000 parole di uso comune ordinate per argomenti.

- Il vocabolario contiene le parole più comunemente usate
- È consigliato in aggiunta ad un corso di lingua
- Risponde alle esigenze degli studenti di lingue straniere sia essi principianti o di livello avanzato
- Pratico per un uso quotidiano, per gli esercizi di revisione e di autovalutazione
- Consente di valutare la conoscenza del proprio lessico

Caratteristiche specifiche del vocabolario:

- Le parole sono ordinate secondo il proprio significato e non alfabeticamente
- Le parole sono riportate in tre colonne diverse per facilitare il metodo di revisione e autovalutazione
- I gruppi di parole sono divisi in sottogruppi per facilitare il processo di apprendimento
- Il vocabolario offre una pratica e semplice trascrizione fonetica per ogni termine straniero

Il vocabolario contiene 198 argomenti tra cui:

Concetti di Base, Numeri, Colori, Mesi, Stagioni, Unità di Misura, Abbigliamento e Accessori, Cibo e Alimentazione, Ristorante, Membri della Famiglia, Parenti, Personalità, Sentimenti, Emozioni, Malattie, Città, Visita Turistica, Acquisti, Denaro, Casa, Ufficio, Lavoro d'Ufficio, Import-export, Marketing, Ricerca di un Lavoro, Sport, Istruzione, Computer, Internet, Utensili, Natura, Paesi, Nazionalità e altro ancora ...

INDICE

GUIDA ALLA PRONUNCIA

Alfabeto fonetico T&P	Esempio chirghiso	Esempio italiano
[a]	манжа [mandʒa]	macchia
[e]	келечек [keletʃek]	meno, leggere
[i]	жигит [dʒigit]	vittoria
[ı]	кубаныч [kubanıtʃ]	tattica
[o]	мактоо [maktoo]	notte
[u]	узундук [uzunduk]	prugno
[ʉ]	алюминий [alʉminij]	aiutare
[y]	түнкү [tynky]	luccio
[b]	ашкабак [aʃkabak]	bianco
[d]	адам [adam]	doccia
[dʒ]	жыгач [dʒıgatʃ]	piangere
[f]	флейта [flejta]	ferrovia
[g]	тегерек [tegerek]	guerriero
[j]	бөйрөк [bøjrøk]	New York
[k]	карапа [karapa]	cometa
[l]	алтын [altın]	saluto
[m]	бешмант [beʃmant]	mostra
[n]	найза [najza]	notte
[ŋ]	булуң [buluŋ]	anche
[p]	пайдубал [pajdubal]	pieno
[r]	рахмат [raχmat]	ritmo, raro
[s]	сагызган [sagızgan]	sapere
[ʃ]	бурулуш [buruluʃ]	ruscello
[t]	түтүн [tytyn]	tattica
[χ]	пахтадан [paχtadan]	hobby
[ts]	шприц [ʃprits]	calzini
[tʃ]	биринчи [birintʃi]	cinque
[v]	квартал [kvartal]	volare
[z]	казуу [kazuu]	rosa
[ʲ]	руль, актёр [rulʲ, aktʲor]	segno di palatalizzazione
[ʰ]	объектив [obʰjektiv]	Jer dura

ABBREVIAZIONI
usate nel vocabolario

Italiano. Abbreviazioni

agg	-	aggettivo
anim.	-	animato
avv	-	avverbio
cong	-	congiunzione
ecc.	-	eccetera
f	-	sostantivo femminile
f pl	-	femminile plurale
fem.	-	femminile
form.	-	formale
inanim.	-	inanimato
inform.	-	familiare
m	-	sostantivo maschile
m pl	-	maschile plurale
m, f	-	maschile, femminile
masc.	-	maschile
mil.	-	militare
pl	-	plurale
pron	-	pronome
qc	-	qualcosa
qn	-	qualcuno
sing.	-	singolare
v aus	-	verbo ausiliare
vi	-	verbo intransitivo
vi, vt	-	verbo intransitivo, transitivo
vr	-	verbo riflessivo
vt	-	verbo transitivo

CONCETTI DI BASE

Concetti di base. Parte 1

1. Pronomi

io	мен, мага	men, maga
tu	сен	sen
egli, ella, esso, essa	ал	al
loro	алар	alar

2. Saluti. Convenevoli. Saluti di congedo

Salve!	Салам!	salam!
Buongiorno!	Саламатсызбы!	salamatsızbı!
Buongiorno! (la mattina)	Кутман таңыңыз менен!	kutman taŋıŋız menen!
Buon pomeriggio!	Кутман күнүңүз менен!	kutman kynyŋyz menen!
Buonasera!	Кутман кечиңиз менен!	kutman ketʃiŋiz menen!
salutare (vt)	учурашуу	utʃuraʃuu
Ciao! Salve!	Кандай!	kandaj!
saluto (m)	салам	salam
salutare (vt)	саламдашуу	salamdaʃuu
Come sta? Come stai?	Иштериң кандай?	iʃteriŋ kandaj?
Come sta?	Иштериңиз кандай?	iʃteriŋiz kandaj?
Come stai?	Иштер кандай?	iʃter kandaj?
Che c'è di nuovo?	Эмне жаңылык?	emne dʒaŋılık?
Arrivederci!	Көрүшкөнчө!	køryʃkøntʃø!
A presto!	Эмки жолукканга чейин!	emki dʒolukkanga tʃejin!
Addio! (inform.)	Кош бол!	koʃ bol!
Addio! (form.)	Кош болуңуз!	koʃ boluŋuz!
congedarsi (vr)	коштошуу	koʃtoʃuu
Ciao! (A presto!)	Жакшы кал!	dʒakʃı kal!
Grazie!	Рахмат!	raxmat!
Grazie mille!	Чоң рахмат!	tʃoŋ raxmat!
Prego	Эч нерсе эмес	etʃ nerse emes
Non c'è di che!	Алкышка арзыбайт	alkıʃka arzıbajt
Di niente	Эчтеке эмес.	etʃteke emes
Scusa!	Кечир!	ketʃir!
Scusi!	Кечирип коюңузчу!	ketʃirip kojuŋuztʃu!
scusare (vt)	кечирүү	ketʃiryy
scusarsi (vr)	кечирим суроо	ketʃirim suroo
Chiedo scusa	Кечирим сурайм.	ketʃirim surajm

Mi perdoni!	Кечиресиз!	ketʃiresiz!
perdonare (vt)	кечирүү	ketʃiryy
Non fa niente	Эч капачылык жок.	etʃ kapatʃılık dʒok
per favore	суранам	suranam

Non dimentichi!	Унутуп калбаңыз!	unutup kalbaŋız!
Certamente!	Албетте!	albette!
Certamente no!	Албетте жок!	albette dʒok!
D'accordo!	Макул!	makul!
Basta!	Жетишет!	dʒetiʃet!

3. Numeri cardinali. Parte 1

zero (m)	нөл	nøl
uno	бир	bir
due	эки	eki
tre	үч	ytʃ
quattro	төрт	tørt

cinque	беш	beʃ
sei	алты	altı
sette	жети	dʒeti
otto	сегиз	segiz
nove	тогуз	toguz

dieci	он	on
undici	он бир	on bir
dodici	он эки	on eki
tredici	он үч	on ytʃ
quattordici	он төрт	on tørt

quindici	он беш	on beʃ
sedici	он алты	on altı
diciassette	он жети	on dʒeti
diciotto	он сегиз	on segiz
diciannove	он тогуз	on toguz

venti	жыйырма	dʒıjırma
ventuno	жыйырма бир	dʒıjırma bir
ventidue	жыйырма эки	dʒıjırma eki
ventitre	жыйырма үч	dʒıjırma ytʃ

trenta	отуз	otuz
trentuno	отуз бир	otuz bir
trentadue	отуз эки	otuz eki
trentatre	отуз үч	otuz ytʃ

quaranta	кырк	kırk
quarantadue	кырк эки	kırk eki
quarantatre	кырк үч	kırk ytʃ

cinquanta	элүү	elyy
cinquantuno	элүү бир	elyy bir
cinquantadue	элүү эки	elyy eki

cinquantatre	элүү үч	elyy ytʃ
sessanta	алтымыш	altımıʃ
sessantuno	алтымыш бир	altımıʃ bir
sessantadue	алтымыш эки	altımıʃ eki
sessantatre	алтымыш үч	altımıʃ ytʃ
settanta	жетимиш	dʒetimiʃ
settantuno	жетимиш бир	dʒetimiʃ bir
settantadue	жетимиш эки	dʒetimiʃ eki
settantatre	жетимиш үч	dʒetimiʃ ytʃ
ottanta	сексен	seksen
ottantuno	сексен бир	seksen bir
ottantadue	сексен эки	seksen eki
ottantatre	сексен үч	seksen ytʃ
novanta	токсон	tokson
novantuno	токсон бир	tokson bir
novantadue	токсон эки	tokson eki
novantatre	токсон үч	tokson ytʃ

4. Numeri cardinali. Parte 2

cento	бир жүз	bir dʒyz
duecento	эки жүз	eki dʒyz
trecento	үч жүз	ytʃ dʒyz
quattrocento	төрт жүз	tørt dʒyz
cinquecento	беш жүз	beʃ dʒyz
seicento	алты жүз	altı dʒyz
settecento	жети жүз	dʒeti dʒyz
ottocento	сегиз жүз	segiz dʒyz
novecento	тогуз жүз	toguz dʒyz
mille	бир миң	bir miŋ
duemila	эки миң	eki miŋ
tremila	үч миң	ytʃ miŋ
diecimila	он миң	on miŋ
centomila	жүз миң	dʒyz miŋ
milione (m)	миллион	million
miliardo (m)	миллиард	milliard

5. Numeri. Frazioni

frazione (f)	бөлчөк	bøltʃøk
un mezzo	экиден бир	ekiden bir
un terzo	үчтөн бир	ytʃtøn bir
un quarto	төрттөн бир	tørttøn bir
un ottavo	сегизден бир	segizden bir
un decimo	тогуздан бир	toguzdan bir
due terzi	үчтөн эки	ytʃtøn eki
tre quarti	төрттөн үч	tørttøn ytʃ

6. Numeri. Operazioni aritmetiche di base

sottrazione (f)	кемитүү	kemityy
sottrarre (vt)	кемитүү	kemityy
divisione (f)	бөлүү	bølyy
dividere (vt)	бөлүү	bølyy
addizione (f)	кошуу	koʃuu
addizionare (vt)	кошуу	koʃuu
aggiungere (vt)	кошуу	koʃuu
moltiplicazione (f)	көбөйтүү	købøjtyy
moltiplicare (vt)	көбөйтүү	købøjtyy

7. Numeri. Varie

cifra (f)	санарип	sanarip
numero (m)	сан	san
numerale (m)	сан атооч	san atootʃ
meno (m)	кемитүү	kemityy
più (m)	плюс	plʉs
formula (f)	формула	formula
calcolo (m)	эсептөө	eseptøø
contare (vt)	саноо	sanoo
calcolare (vt)	эсептөө	eseptøø
comparare (vt)	салыштыруу	salıʃtıruu
Quanto? Quanti?	Канча?	kantʃa?
somma (f)	жыйынтык	dʒıjıntık
risultato (m)	натыйжа	natıjdʒa
resto (m)	калдык	kaldık
qualche ...	бир нече	bir netʃe
un po' di ...	биртике	bir az
alcuni, pochi (non molti)	бир аз	bir az
poco (non molto)	кичине	kitʃine
resto (m)	калганы	kalganı
uno e mezzo	бир жарым	bir dʒarım
dozzina (f)	он эки даана	on eki daana
in due	тең экиге	teŋ ekige
in parti uguali	тең	teŋ
metà (f), mezzo (m)	жарым	dʒarım
volta (f)	бир жолу	bir dʒolu

8. I verbi più importanti. Parte 1

accorgersi (vr)	байкоо	bajkoo
afferrare (vt)	кармоо	karmoo
affittare (dare in affitto)	батирге алуу	batirge aluu
aiutare (vt)	жардам берүү	dʒardam beryy

amare (qn)	сүйүү	syjyy
andare (camminare)	жөө басуу	dʒøø basuu
annotare (vt)	кагазга түшүрүү	kagazga tyʃyryy
appartenere (vi)	таандык болуу	taandık boluu
aprire (vt)	ачуу	atʃuu
arrivare (vi)	келүү	kelyy
aspettare (vt)	күтүү	kytyy
avere (vt)	бар болуу	bar boluu
avere fame	ачка болуу	atʃka boluu
avere fretta	шашуу	ʃaʃuu
avere paura	жазкануу	dʒazkanuu
avere sete	суусап калуу	suusap kaluu
avvertire (vt)	эскертүү	eskertyy
cacciare (vt)	аңчылык кылуу	aŋtʃılık kıluu
cadere (vi)	жыгылуу	dʒıgıluu
cambiare (vt)	өзгөртүү	øzgørtyy
capire (vt)	түшүнүү	tyʃynyy
cenare (vi)	кечки тамакты ичүү	ketʃki tamaktı itʃyy
cercare (vt)	... издөө	... izdøø
cessare (vt)	токтотуу	toktotuu
chiedere (~ aiuto)	чакыруу	tʃakıruu
chiedere (domandare)	суроо	suroo
cominciare (vt)	баштоо	baʃtoo
comparare (vt)	салыштыруу	salıʃtıruu
confondere (vt)	адаштыруу	adaʃtıruu
conoscere (qn)	таануу	taanuu
conservare (vt)	сактоо	saktoo
consigliare (vt)	кеңеш берүү	keŋeʃ beryy
contare (calcolare)	саноо	sanoo
contare su ...	... ишенүү	... iʃenyy
continuare (vt)	улантуу	ulantuu
controllare (vt)	башкаруу	baʃkaruu
correre (vi)	чуркоо	tʃurkoo
costare (vt)	туруу	turuu
creare (vt)	жаратуу	dʒaratuu
cucinare (vi)	тамак бышыруу	tamak bıʃıruu

9. I verbi più importanti. Parte 2

dare (vt)	берүү	beryy
dare un suggerimento	четин чыгаруу	tʃetin tʃıgaruu
decorare (adornare)	кооздоо	koozdoo
difendere (~ un paese)	коргоо	korgoo
dimenticare (vt)	унутуу	unutuu
dire (~ la verità)	айтуу	ajtuu
dirigere (compagnia, ecc.)	башкаруу	baʃkaruu
discutere (vt)	талкуулоо	talkuuloo

domandare (vt)	суроо	suroo
dubitare (vi)	күмөн саноо	kymøn sanoo
entrare (vi)	кирүү	kiryy
esigere (vt)	талап кылуу	talap kıluu
esistere (vi)	чыгуу	tʃıguu
essere (vi)	болуу	boluu
essere d'accordo	макул болуу	makul boluu
fare (vt)	кылуу	kıluu
fare colazione	эртең менен тамактануу	erteŋ menen tamaktanuu
fare il bagno	сууга түшүү	suuga tyʃyy
fermarsi (vr)	токтоо	toktoo
fidarsi (vr)	ишенүү	iʃenyy
finire (vt)	бүтүрүү	bytyryy
firmare (~ un documento)	кол коюу	kol kojuu
giocare (vi)	ойноо	ojnoo
girare (~ a destra)	бурулуу	buruluu
gridare (vi)	кыйкыруу	kıjkıruu
indovinare (vt)	жандырмагын табуу	dʒandırmagın tabuu
informare (vt)	маалымат берүү	maalımat beryy
ingannare (vt)	алдоо	aldoo
insistere (vi)	көшөрүү	køʃøryy
insultare (vt)	кемсинтүү	kemsintyy
interessarsi di …	… кызыгуу	… kızıguu
invitare (vt)	чакыруу	tʃakıruu
lamentarsi (vr)	арыздануу	arızdanuu
lasciar cadere	түшүрүп алуу	tyʃyryp aluu
lavorare (vi)	иштөө	iʃtøø
leggere (vi, vt)	окуу	okuu
liberare (vt)	бошотуу	boʃotuu

10. I verbi più importanti. Parte 3

mancare le lezioni	калтыруу	kaltıruu
mandare (vt)	жөнөтүү	dʒønøtyy
menzionare (vt)	айтып өтүү	ajtıp øtyy
minacciare (vt)	коркутуу	korkutuu
mostrare (vt)	көрсөтүү	børsøtyy
nascondere (vt)	жашыруу	dʒaʃıruu
nuotare (vi)	сүзүү	syzyy
obiettare (vt)	каршы болуу	karʃı boluu
occorrere (vimp)	керек болуу	kerek boluu
ordinare (~ il pranzo)	буйрутма кылуу	bujrutma kıluu
ordinare (mil.)	буйрук кылуу	bujruk kıluu
osservare (vt)	байкоо салуу	bajkoo
pagare (vi, vt)	төлөө	tøløø
parlare (vi, vt)	сүйлөө	syjløø

partecipare (vi)	катышуу	katıʃuu
pensare (vi, vt)	ойлоо	ojloo
perdonare (vt)	кечирүү	ketʃiryy
permettere (vt)	уруксат берүү	uruksat beryy
piacere (vi)	жактыруу	dʒaktıruu
piangere (vi)	ыйлоо	ıjloo
pianificare (vt)	пландаштыруу	plandaʃtıruu
possedere (vt)	ээ болуу	ee boluu
potere (v aus)	жасай алуу	dʒasaj aluu
pranzare (vi)	түштөнүү	tyʃtønyy
preferire (vt)	артык көрүү	artık køryy
pregare (vi, vt)	дуба кылуу	duba kıluu
prendere (vt)	алуу	aluu
prevedere (vt)	күтүү	kytyy
promettere (vt)	убада берүү	ubada beryy
pronunciare (vt)	айтуу	ajtuu
proporre (vt)	сунуштоо	sunuʃtoo
punire (vt)	жазалоо	dʒazaloo
raccomandare (vt)	сунуштоо	sunuʃtoo
ridere (vi)	күлүү	kylyy
rifiutarsi (vr)	баш тартуу	baʃ tartuu
rincrescere (vi)	өкүнүү	økynyy
ripetere (ridire)	кайталоо	kajtaloo
riservare (vt)	камдык буйрутмалоо	kamdık bujrutmaloo
rispondere (vi, vt)	жооп берүү	dʒoop beryy
rompere (spaccare)	сындыруу	sındıruu
rubare (~ i soldi)	уурдоо	uurdoo

11. I verbi più importanti. Parte 4

salvare (~ la vita a qn)	куткаруу	kutkaruu
sapere (vt)	билүү	bilyy
sbagliare (vi)	ката кетирүү	kata ketiryy
scavare (vt)	казуу	kazuu
scegliere (vt)	тандоо	tandoo
scendere (vi)	ылдый түшүү	ıldıj tyʃyy
scherzare (vi)	тамашалоо	tamaʃaloo
scrivere (vt)	жазуу	dʒazuu
scusare (vt)	кечирүү	ketʃiryy
scusarsi (vr)	кечирим суроо	ketʃirim suroo
sedersi (vr)	отуруу	oturuu
seguire (vt)	... ээрчүү	... eertʃyy
sgridare (vt)	урушуу	uruʃuu
significare (vt)	билдирүү	bildiryy
sorridere (vi)	жылмаюу	dʒılmadʒuu
sottovalutare (vt)	баалабоо	baalaboo
sparare (vi)	атуу	atuu

sperare (vi, vt)	үмүттөнүү	ymyttønyy
spiegare (vt)	түшүндүрүү	tyʃyndyryy
studiare (vt)	окуу	okuu
stupirsi (vr)	таң калуу	taŋ kaluu
tacere (vi)	унчукпоо	untʃukpoo
tentare (vt)	аракет кылуу	araket kıluu
toccare (~ con le mani)	тийүү	tijyy
tradurre (vt)	которуу	kotoruu
trovare (vt)	таап алуу	taap aluu
uccidere (vt)	өлтүрүү	øltyryy
udire (percepire suoni)	угуу	uguu
unire (vt)	бириктирүү	biriktiryy
uscire (vi)	чыгуу	tʃıguu
vantarsi (vr)	мактануу	maktanuu
vedere (vt)	көрүү	køryy
vendere (vt)	сатуу	satuu
volare (vi)	учуу	utʃuu
volere (desiderare)	каалоо	kaaloo

12. Colori

colore (m)	түс	tys
sfumatura (f)	кошумча түс	koʃumtʃa tys
tono (m)	кубулуу	kubuluu
arcobaleno (m)	күндүн кулагы	kyndyn kulagı
bianco (agg)	ак	ak
nero (agg)	кара	kara
grigio (agg)	боз	boz
verde (agg)	жашыл	dʒaʃıl
giallo (agg)	сары	sarı
rosso (agg)	кызыл	kızıl
blu (agg)	көк	køk
azzurro (agg)	көгүлтүр	køgyltyr
rosa (agg)	мала	mala
arancione (agg)	кызгылт сары	kızgılt sarı
violetto (agg)	сыя көк	sıja køk
marrone (agg)	күрөң	kyrøŋ
d'oro (agg)	алтын түстүү	altın tystyy
argenteo (agg)	күмүш өңдүү	kymyʃ øŋdyy
beige (agg)	сары боз	sarı boz
color crema (agg)	саргылт	sargılt
turchese (agg)	бирюза	birɯza
rosso ciliegia (agg)	кочкул кызыл	kotʃkul kızıl
lilla (agg)	кызгылт көгүш	kızgılt køgyʃ
rosso lampone (agg)	ачык кызыл	atʃık kızıl
chiaro (agg)	ачык	atʃık

scuro (agg)	күңүрт	kyŋyrt
vivo, vivido (agg)	ачык	atʃık
colorato (agg)	түстүү	tystyy
a colori	түстүү	tystyy
bianco e nero (agg)	ак-кара	ak-kara
in tinta unita	бир өңчөй түстө	bir øŋtʃøj tystø
multicolore (agg)	ар түрдүү түстө	ar tyrdyy tystø

13. Domande

Chi?	Ким?	kim?
Che cosa?	Эмне?	emne?
Dove? (in che luogo?)	Каерде?	kaerde?
Dove? (~ vai?)	Каяка?	kajaka?
Di dove?, Da dove?	Каяктан?	kajaktan?
Quando?	Качан?	katʃan?
Perché? (per quale scopo?)	Эмне үчүн?	emne ytʃyn?
Perché? (per quale ragione?)	Эмнеге?	emnege?
Per che cosa?	Кайсы керекке?	kajsı kerekke?
Come?	Кандай?	kandaj?
Che? (~ colore è?)	Кайсы?	kajsı?
Quale?	Кайсынысы?	kajsınısı?
A chi?	Кимге?	kimge?
Di chi?	Ким жөнүндө?	kim dʒønyndø?
Di che cosa?	Эмне жөнүндө?	emne dʒønyndø?
Con chi?	Ким менен?	kim menen?
Quanti?, Quanto?	Канча?	kantʃa?
Di chi?	Кимдики?	kimdiki?
Di chi? (fem.)	Кимдики?	kimdiki?
Di chi? (pl)	Кимдердики?	kimderdiki?

14. Parole grammaticali. Avverbi. Parte 1

Dove?	Каерде?	kaerde?
qui (in questo luogo)	бул жерде	bul dʒerde
lì (in quel luogo)	тээтигил жакта	teetigil dʒakta
da qualche parte (essere ~)	бир жерде	bir dʒerde
da nessuna parte	эч жакта	etʃ dʒakta
vicino a ...	... жанында	... dʒanında
vicino alla finestra	терезенин жанында	terezenin dʒanında
Dove?	Каяка?	kajaka?
qui (vieni ~)	бери	beri
ci (~ vado stasera)	нары	narı
da qui	бул жерден	bul dʒerden
da lì	тигил жерден	tigil dʒerden

vicino, accanto (avv)	жакын	dʒakın
lontano (avv)	алыс	alıs
vicino (~ a Parigi)	... тегерегинде	... tegereginde
vicino (qui ~)	жакын арада	dʒakın arada
non lontano	алыс эмес	alıs emes
sinistro (agg)	сол	sol
a sinistra (rimanere ~)	сол жакта	sol dʒakta
a sinistra (girare ~)	солго	solgo
destro (agg)	оң	oŋ
a destra (rimanere ~)	оң жакта	oŋ dʒakta
a destra (girare ~)	оңго	oŋgo
davanti	астыда	astıda
anteriore (agg)	алдыңкы	aldıŋkı
avanti	алдыга	aldıga
dietro (avv)	артында	artında
da dietro	артынан	artınan
indietro	артка	artka
mezzo (m), centro (m)	ортосу	ortosu
in mezzo, al centro	ортосунда	ortosunda
di fianco	капталында	kaptalında
dappertutto	бүт жерде	byt dʒerde
attorno	айланасында	ajlanasında
da dentro	ичинде	itʃinde
da qualche parte (andare ~)	бир жерде	bir dʒerde
dritto (direttamente)	түз	tyz
indietro	кайра	kajra
da qualsiasi parte	бир жерден	bir dʒerden
da qualche posto	бир жактан	bir dʒaktan
(veniamo ~)		
in primo luogo	биринчиден	birintʃiden
in secondo luogo	экинчиден	ekintʃiden
in terzo luogo	үчүнчүдөн	ytʃyntʃydøn
all'improvviso	күтпөгөн жерден	kytpøgøn dʒerden
all'inizio	башында	baʃında
per la prima volta	биринчи жолу	birintʃi dʒolu
molto tempo prima di...	... алдында	... aldında
di nuovo	башынан	baʃınan
per sempre	түбөлүккө	tybølykkø
mai	эч качан	etʃ katʃan
ancora	кайра	kajra
adesso	эми	emi
spesso (avv)	көпчүлүк учурда	køptʃylyk utʃurda
allora	анда	anda
urgentemente	тезинен	tezinen

di solito	көбүнчө	købyntʃø
a proposito, ...	баса, ...	basa, ...
è possibile	мүмкүн	mymkyn
probabilmente	балким	balkim
forse	ыктымал	ıktımal
inoltre ...	андан тышкары, ...	andan tıʃkarı, ...
ecco perché ...	ошондуктан ...	oʃonduktan ...
nonostante (~ tutto)	... карабастан	... karabastan
grazie a ...	... күчү менен	... kytʃy menen
che cosa (pron)	эмне	emne
che (cong)	эмне	emne
qualcosa (qualsiasi cosa)	бир нерсе	bir nerse
qualcosa (le serve ~?)	бир нерсе	bir nerse
niente	эч нерсе	etʃ nerse
chi (pron)	ким	kim
qualcuno (annuire a ~)	кимдир бирөө	kimdir birøø
qualcuno (dipendere da ~)	бирөө жарым	birøø dʒarım
nessuno	эч ким	etʃ kim
da nessuna parte	эч жака	etʃ dʒaka
di nessuno	эч кимдики	etʃ kimdiki
di qualcuno	бирөөнүкү	birøønyky
così (era ~ arrabbiato)	эми	emi
anche (penso ~ a ...)	ошондой эле	oʃondoj ele
anche, pure	дагы	dagı

15. Parole grammaticali. Avverbi. Parte 2

Perché?	Эмнеге?	emnege?
per qualche ragione	эмнегедир	emnegedir
perché ...	... себептен	... sebepten
per qualche motivo	эмне үчүндүр	emne ytʃyndyr
e (cong)	жана	dʒana
o (sì ~ no?)	же	dʒe
ma (però)	бирок	birok
per (~ me)	үчүн	ytʃyn
troppo	өтө эле	øtø ele
solo (avv)	азыр эле	azır ele
esattamente	так	tak
circa (~ 10 dollari)	болжол менен	boldʒol menen
approssimativamente	болжол менен	boldʒol menen
approssimativo (agg)	болжолдуу	boldʒolduu
quasi	дээрлик	deerlik
resto	калганы	kalganı
l'altro (~ libro)	башка	baʃka
altro (differente)	башка бөлөк	baʃka bøløk
ogni (agg)	ар бири	ar biri

qualsiasi (agg)	баардык	baardık
molti, molto	көп	køp
molta gente	көбү	køby
tutto, tutti	баары	baarı
in cambio di ...	... алмашуу	... almaʃuu
in cambio	ордуна	orduna
a mano (fatto ~)	колго	kolgo
poco probabile	ишенүүгө болбойт	iʃenyygø bolbojt
probabilmente	балким	balkim
apposta	атайын	atajın
per caso	кокустан	kokustan
molto (avv)	аябай	ajabaj
per esempio	мисалы	misalı
fra (~ due)	ортосунда	ortosunda
fra (~ più di due)	арасында	arasında
tanto (quantità)	ошончо	oʃonʧo
soprattutto	өзгөчө	øzgøʧø

Concetti di base. Parte 2

16. Giorni della settimana

lunedì (m)	дүйшөмбү	dyjʃømby
martedì (m)	шейшемби	ʃejʃembi
mercoledì (m)	шаршемби	ʃarʃembi
giovedì (m)	бейшемби	bejʃembi
venerdì (m)	жума	dʒuma
sabato (m)	ишенби	iʃenbi
domenica (f)	жекшемби	dʒekʃembi
oggi (avv)	бүгүн	bygyn
domani	эртең	erteŋ
dopodomani	бирсүгүнү	birsygyny
ieri (avv)	кечээ	ketʃee
l'altro ieri	мурда күнү	murda kyny
giorno (m)	күн	kyn
giorno (m) lavorativo	иш күнү	iʃ kyny
giorno (m) festivo	майрам күнү	majram kyny
giorno (m) di riposo	дем алыш күн	dem alıʃ kyn
fine (m) settimana	дем алыш күндөр	dem alıʃ kyndør
tutto il giorno	күнү бою	kyny boju
l'indomani	кийинки күнү	kijinki kyny
due giorni fa	эки күн мурун	eki kyn murun
il giorno prima	жакында	dʒakında
quotidiano (agg)	күндө	kyndø
ogni giorno	күн сайын	kyn sajın
settimana (f)	жума	dʒuma
la settimana scorsa	өткөн жумада	øtkøn dʒumada
la settimana prossima	келаткан жумада	kelatkan dʒumada
settimanale (agg)	жума сайын	dʒuma sajın
ogni settimana	жума сайын	dʒuma sajın
due volte alla settimana	жумасына эки жолу	dʒumasına eki dʒolu
ogni martedì	ар шейшемби	ar ʃejʃembi

17. Ore. Giorno e notte

mattina (f)	таң	taŋ
di mattina	эртең менен	erteŋ menen
mezzogiorno (m)	жарым күн	dʒarım kyn
nel pomeriggio	түштөн кийин	tyʃtøn kijin
sera (f)	кеч	ketʃ
di sera	кечинде	ketʃinde

notte (f)	түн	tyn
di notte	түндө	tyndø
mezzanotte (f)	жарым түн	dʒarım tyn

secondo (m)	секунда	sekunda
minuto (m)	мүнөт	mynøt
ora (f)	саат	saat
mezzora (f)	жарым саат	dʒarım saat
un quarto d'ora	чейрек саат	tʃejrek saat
quindici minuti	он беш мүнөт	on beʃ mynøt
ventiquattro ore	сутка	sutka

levata (f) del sole	күндүн чыгышы	kyndyn tʃıgıʃı
alba (f)	таң агаруу	taŋ agaruu
mattutino (m)	таң эрте	taŋ erte
tramonto (m)	күн батуу	kyn batuu

di buon mattino	таң эрте	taŋ erte
stamattina	бүгүн эртең менен	bygyn erteŋ menen
domattina	эртең эртең менен	erteŋ erteŋ menen
oggi pomeriggio	күндүзү	kyndyzy
nel pomeriggio	түштөн кийин	tyʃtøn kijin
domani pomeriggio	эртең түштөн кийин	erteŋ tyʃtøn kijin
stasera	бүгүн кечинде	bygyn ketʃinde
domani sera	эртең кечинде	erteŋ ketʃinde

alle tre precise	туура саат үчтө	tuura saat ytʃtø
verso le quattro	болжол менен төрт саат	boldʒol menen tørt saat
per le dodici	саат он экиде	saat on ekide

fra venti minuti	жыйырма мүнөттөн кийин	dʒıjırma mynøttøn kijin
fra un'ora	бир сааттан кийин	bir saattan kijin
puntualmente	өз убагында	øz ubagında

un quarto di ...	... он беш мүнөт калды	... on beʃ mynøt kaldı
entro un'ora	бир сааттын ичинде	bir saattın itʃinde
ogni quindici minuti	он беш мүнөт сайын	on beʃ mynøt sajın
giorno e notte	бир сутка бою	bir sutka bojʉ

18. Mesi. Stagioni

gennaio (m)	январь	janvarⁱ
febbraio (m)	февраль	fevralⁱ
marzo (m)	март	mart
aprile (m)	апрель	aprelⁱ
maggio (m)	май	maj
giugno (m)	июнь	ijʉnⁱ

luglio (m)	июль	ijʉlⁱ
agosto (m)	август	avgust
settembre (m)	сентябрь	sentⁱabrⁱ
ottobre (m)	октябрь	oktⁱabrⁱ
novembre (m)	ноябрь	nojabrⁱ
dicembre (m)	декабрь	dekabrⁱ

primavera (f)	жаз	dʒaz
in primavera	жазында	dʒazında
primaverile (agg)	жазгы	dʒazgı
estate (f)	жай	dʒaj
in estate	жайында	dʒajında
estivo (agg)	жайкы	dʒajkı
autunno (m)	күз	kyz
in autunno	күзүндө	kyzyndø
autunnale (agg)	күздүк	kyzdyk
inverno (m)	кыш	kıʃ
in inverno	кышында	kıʃında
invernale (agg)	кышкы	kıʃkı
mese (m)	ай	aj
questo mese	ушул айда	uʃul ajda
il mese prossimo	кийинки айда	kijinki ajda
il mese scorso	өткөн айда	øtkøn ajda
un mese fa	бир ай мурун	bir aj murun
fra un mese	бир айдан кийин	bir ajdan kijin
fra due mesi	эки айдан кийин	eki ajdan kijin
un mese intero	ай бою	aj bojʉ
per tutto il mese	толук бир ай	toluk bir aj
mensile (rivista ~)	ай сайын	aj sajın
mensilmente	ай сайын	aj sajın
ogni mese	ар бир айда	ar bir ajda
due volte al mese	айына эки жолу	ajına eki dʒolu
anno (m)	жыл	dʒıl
quest'anno	бул жылы	bul dʒılı
l'anno prossimo	келаткан жылы	kelatkan dʒılı
l'anno scorso	өткөн жылы	øtkøn dʒılı
un anno fa	бир жыл мурун	bir dʒıl murun
fra un anno	бир жылдан кийин	bir dʒıldan kijin
fra due anni	эки жылдан кийин	eki dʒıldan kijin
un anno intero	жыл бою	dʒıl bodʒʉ
per tutto l'anno	толук бир жыл	toluk bir dʒıl
ogni anno	ар жыл сайын	ar dʒıl sajın
annuale (agg)	жыл сайын	dʒıl sajın
annualmente	жыл сайын	dʒıl sajın
quattro volte all'anno	жылына төрт жолу	dʒılına tørt dʒolu
data (f) (~ di oggi)	число	tʃislo
data (f) (~ di nascita)	күн	kyn
calendario (m)	календарь	kalendarʲ
mezz'anno (m)	жарым жыл	dʒarım dʒıl
semestre (m)	жарым чейрек	dʒarım tʃejrek
stagione (f) (estate, ecc.)	мезгил	mezgil
secolo (m)	кылым	kılım

19. Orario. Varie

Italiano	Chirghiso	Pronuncia
tempo (m)	убакыт	ubakıt
istante (m)	учур	utʃur
momento (m)	кез ирмемде	køz irmemde
istantaneo (agg)	кез ирмемде	køz irmemde
periodo (m)	убакыттын бир белугу	ubakıttın bir bølygy
vita (f)	жашоо	dʒaʃoo
eternità (f)	тубелук	tybølyk
epoca (f)	доор	door
era (f)	заман	zaman
ciclo (m)	мерчим	mertʃim
periodo (m)	мезгил	mezgil
scadenza (f)	меенет	møønøt
futuro (m)	келечек	keletʃek
futuro (agg)	келечек	keletʃek
la prossima volta	кийинки жолу	kijinki dʒolu
passato (m)	еткен	øtkøn
scorso (agg)	еткен	øtkøn
la volta scorsa	еткенде	øtkøndø
più tardi	кийнчерээк	kijntʃereek
dopo	кийин	kijin
oggigiorno	азыр, учурда	azır, utʃurda
adesso, ora	азыр	azır
immediatamente	тез арада	tez arada
fra poco, presto	жакында	dʒakında
in anticipo	алдын ала	aldın ala
tanto tempo fa	кеп убакыт мурун	køp ubakıt murun
di recente	жакындан бери	dʒakından beri
destino (m)	тагдыр	tagdır
ricordi (m pl)	эсте калганы	este kalganı
archivio (m)	архив	arχiv
durante ...	... убагында	... ubagında
a lungo	узак	uzak
per poco tempo	узак эмес	uzak emes
presto (al mattino ~)	эрте	erte
tardi (non presto)	кеч	ketʃ
per sempre	тубелук	tybølyk
cominciare (vt)	баштоо	baʃtoo
posticipare (vt)	жылдыруу	dʒıldıruu
simultaneamente	бир учурда	bir utʃurda
tutto il tempo	узгултуксуз	yzgyltyksyz
costante (agg)	узгултуксуз	yzgyltyksyz
temporaneo (agg)	убактылуу	ubaktıluu
a volte	кедээ	kedee
raramente	чанда	tʃanda
spesso (avv)	кепчулук учурда	køptʃylyk utʃurda

20. Contrari

ricco (agg)	бай	baj
povero (agg)	кедей	kedej
malato (agg)	оорулуу	ooruluu
sano (agg)	дени сак	deni sak
grande (agg)	чоң	ʧoŋ
piccolo (agg)	кичине	kiʧine
rapidamente	тез	tez
lentamente	жай	dʒaj
veloce (agg)	тез	tez
lento (agg)	жай	dʒaj
allegro (agg)	шайыр	ʃajır
triste (agg)	муңдуу	muŋduu
insieme	бирге	birge
separatamente	өзүнчө	øzynʧø
ad alta voce (leggere ~)	үн чыгарып	yn ʧıgarıp
in silenzio	үн чыгарбай	yn ʧıgarbaj
alto (agg)	бийик	bijik
basso (agg)	жапыз	dʒapız
profondo (agg)	терең	tereŋ
basso (agg)	тайыз	tajız
sì	ооба	ooba
no	жок	dʒok
lontano (agg)	алыс	alıs
vicino (agg)	жакын	dʒakın
lontano (avv)	алыс	alıs
vicino (avv)	жакын арада	dʒakın arada
lungo (agg)	узун	uzun
corto (agg)	кыска	kıska
buono (agg)	кайрымдуу	kajrımduu
cattivo (agg)	каардуу	kaarduu
sposato (agg)	аялы бар	ajalı bar
celibe (agg)	бойдок	bojdok
vietare (vt)	тыюу салуу	tıjʉu saluu
permettere (vt)	уруксат берүү	uruksat beryy
fine (f)	аягы	ajagı
inizio (m)	башталыш	baʃtalıʃ

sinistro (agg)	сол	sol
destro (agg)	оң	oŋ
primo (agg)	биринчи	birintʃi
ultimo (agg)	акыркы	akırkı
delitto (m)	кылмыш	kılmıʃ
punizione (f)	жаза	dʒaza
ordinare (vt)	буйрук кылуу	bujruk kıluu
obbedire (vi)	баш ийүү	baʃ ijyy
dritto (agg)	түз	tyz
curvo (agg)	кыйшак	kıjʃak
paradiso (m)	бейиш	bejiʃ
inferno (m)	тозок	tozok
nascere (vi)	төрөлүү	tørølyy
morire (vi)	өлүү	ølyy
forte (agg)	күчтүү	kytʃtyy
debole (agg)	алсыз	alsız
vecchio (agg)	эски	eski
giovane (agg)	жаш	dʒaʃ
vecchio (agg)	эски	eski
nuovo (agg)	жаңы	dʒaŋı
duro (agg)	катуу	katuu
morbido (agg)	жумшак	dʒumʃak
caldo (agg)	жылуу	dʒıluu
freddo (agg)	муздак	muzdak
grasso (agg)	семиз	semiz
magro (agg)	арык	arık
stretto (agg)	тар	tar
largo (agg)	кең	keŋ
buono (agg)	жакшы	dʒakʃı
cattivo (agg)	жаман	dʒaman
valoroso (agg)	кайраттуу	kajrattuu
codardo (agg)	суу жүрөк	suu dʒyrøk

21. Linee e forme

quadrato (m)	чарчы	tʃartʃı
quadrato (agg)	чарчы	tʃartʃı
cerchio (m)	тегерек	tegerek
rotondo (agg)	тегерек	tegerek

| triangolo (m) | үч бурчтук | ytʃ burtʃtuk |
| triangolare (agg) | үч бурчтуу | ytʃ burtʃtuu |

ovale (m)	жумуру	dʒumuru
ovale (agg)	жумуру	dʒumuru
rettangolo (m)	тик бурчтук	tik burtʃtuk
rettangolare (agg)	тик бурчтуу	tik burtʃtuu

piramide (f)	пирамида	piramida
rombo (m)	ромб	romb
trapezio (m)	трапеция	trapetsija
cubo (m)	куб	kub
prisma (m)	призма	prizma

circonferenza (f)	айлана	ajlana
sfera (f)	сфера	sfera
palla (f)	шар	ʃar

diametro (m)	диаметр	diametr
raggio (m)	радиус	radius
perimetro (m)	периметр	perimetr
centro (m)	борбор	borbor

orizzontale (agg)	туурасынан	tuurasınan
verticale (agg)	тикесинен	tikesinen
parallela (f)	параллель	parallelʲ
parallelo (agg)	параллель	parallelʲ

linea (f)	сызык	sızık
tratto (m)	сызык	sızık
linea (f) retta	түз сызык	tyz sızık
linea (f) curva	кыйшык сызык	kijʃık sızık
sottile (uno strato ~)	ичке	itʃke
contorno (m)	караан	karaan

intersezione (f)	кесилиш	kesiliʃ
angolo (m) retto	тик бурч	tik burtʃ
segmento	сегмент	segment
settore (m)	сектор	sektor
lato (m)	каптал	kaptal
angolo (m)	бурч	burtʃ

22. Unità di misura

peso (m)	салмак	salmak
lunghezza (f)	узундук	uzunduk
larghezza (f)	жазылык	dʒazılık
altezza (f)	бийиктик	bijiktik
profondità (f)	терендик	terendik
volume (m)	көлөм	køløm
area (f)	аянт	ajant

| grammo (m) | грамм | gramm |
| milligrammo (m) | миллиграмм | milligramm |

chilogrammo (m)	килограмм	kilogramm
tonnellata (f)	тонна	tonna
libbra (f)	фунт	funt
oncia (f)	унция	untsija

metro (m)	метр	metr
millimetro (m)	миллиметр	millimetr
centimetro (m)	сантиметр	santimetr
chilometro (m)	километр	kilometr
miglio (m)	миля	milʲa

pollice (m)	дюйм	dujm
piede (f)	фут	fut
iarda (f)	ярд	jard

| metro (m) quadro | квадраттык метр | kvadrattık metr |
| ettaro (m) | гектар | gektar |

litro (m)	литр	litr
grado (m)	градус	gradus
volt (m)	вольт	volʲt
ampere (m)	ампер	amper
cavallo vapore (m)	ат күчү	at kytʃy

quantità (f)	саны	sanı
un po' di ...	... бир аз	... bir az
metà (f)	жарым	dʒarım
dozzina (f)	он эки даана	on eki daana
pezzo (m)	даана	daana

| dimensione (f) | чондук | tʃoŋduk |
| scala (f) (modello in ~) | өлчөмчен | øltʃømtʃen |

minimo (agg)	минималдуу	minimalduu
minore (agg)	эң кичинекей	eŋ kitʃinekej
medio (agg)	орточо	ortotʃo
massimo (agg)	максималдуу	maksimalduu
maggiore (agg)	эң чоң	eŋ tʃoŋ

23. Contenitori

barattolo (m) di vetro	банка	banka
latta, lattina (f)	банка	banka
secchio (m)	чака	tʃaka
barile (m), botte (f)	бочка	botʃka

catino (m)	дагара	dagara
serbatoio (m) (per liquidi)	бак	bak
fiaschetta (f)	фляжка	flʲadʒka
tanica (f)	канистра	kanistra
cisterna (f)	цистерна	tsısterna

| tazza (f) | кружка | krudʒka |
| tazzina (f) (~ di caffé) | чөйчөк | tʃøjtʃøk |

piattino (m)	табак	tabak
bicchiere (m) (senza stelo)	ыстакан	ıstakan
calice (m)	бокал	bokal
casseruola (f)	мискей	miskej
bottiglia (f)	бөтөлкө	bøtølkø
collo (m) (~ della bottiglia)	оозу	oozu
caraffa (f)	графин	grafin
brocca (f)	кумура	kumura
recipiente (m)	идиш	idiʃ
vaso (m) di coccio	карапа	karapa
vaso (m) di fiori	ваза	vaza
boccetta (f) (~ di profumo)	флакон	flakon
fiala (f)	кичине бөтөлкө	kitʃine bøtølkø
tubetto (m)	тюбик	tʉbik
sacco (m) (~ di patate)	кап	kap
sacchetto (m) (~ di plastica)	пакет	paket
pacchetto (m) (~ di sigarette, ecc.)	пачке	patʃke
scatola (f) (~ per scarpe)	куту	kutu
cassa (f) (~ di vino, ecc.)	үкөк	ykøk
cesta (f)	себет	sebet

24. Materiali

materiale (m)	материал	material
legno (m)	жыгач	dʒɪgatʃ
di legno	жыгач	dʒɪgatʃ
vetro (m)	айнек	ajnek
di vetro	айнек	ajnek
pietra (f)	таш	taʃ
di pietra	таш	taʃ
plastica (f)	пластик	plastik
di plastica	пластик	plastik
gomma (f)	резина	rezina
di gomma	резина	rezina
stoffa (f)	кездеме	kezdeme
di stoffa	кездеме	kezdeme
carta (f)	кагаз	kagaz
di carta	кагаз	kagaz
cartone (m)	картон	karton
di cartone	картон	karton
polietilene (m)	полиэтилен	polietilen

cellofan (m)	целлофан	tsellofan
linoleum (m)	линолеум	linoleum
legno (m) compensato	фанера	fanera
porcellana (f)	фарфор	farfor
di porcellana	фарфор	farfor
argilla (f)	чопо	tʃopo
d'argilla	чопо	tʃopo
ceramica (f)	карапа	karapa
ceramico	карапа	karapa

25. Metalli

metallo (m)	металл	metall
metallico	металл	metall
lega (f)	эритме	eritme
oro (m)	алтын	altın
d'oro	алтын	altın
argento (m)	күмүш	kymyʃ
d'argento	күмүш	kymyʃ
ferro (m)	темир	temir
di ferro	темир	temir
acciaio (m)	болот	bolot
d'acciaio	болот	bolot
rame (m)	жез	dʒez
di rame	жез	dʒez
alluminio (m)	алюминий	alʉminij
di alluminio, alluminico	алюминий	alʉminij
bronzo (m)	коло	kolo
di bronzo	коло	kolo
ottone (m)	латунь	latunʲ
nichel (m)	никель	nikelʲ
platino (m)	платина	platina
mercurio (m)	сымап	sımap
stagno (m)	калай	kalaj
piombo (m)	коргошун	korgoʃun
zinco (m)	цинк	tsınk

ESSERE UMANO

Essere umano. Il corpo umano

26. L'uomo. Concetti di base

uomo (m) (essere umano)	адам	adam
uomo (m) (adulto maschio)	эркек	erkek
donna (f)	аял	ajal
bambino (m) (figlio)	бала	bala
bambina (f)	кыз бала	kız bala
bambino (m)	бала	bala
adolescente (m, f)	өспүрүм	øspyrym
vecchio (m)	абышка	abıʃka
vecchia (f)	кемпир	kempir

27. Anatomia umana

organismo (m)	организм	organizm
cuore (m)	жүрөк	dʒyrøk
sangue (m)	кан	kan
arteria (f)	артерия	arterija
vena (f)	вена	vena
cervello (m)	мээ	mee
nervo (m)	нерв	nerv
nervi (m pl)	нервдер	nervder
vertebra (f)	омуртка	omurtka
colonna (f) vertebrale	кыр арка	kır arka
stomaco (m)	ашказан	aʃkazan
intestini (m pl)	ичеги-карын	itʃegi-karın
intestino (m)	ичеги	itʃegi
fegato (m)	боор	boor
rene (m)	бөйрөк	bøjrøk
osso (m)	сөөк	søøk
scheletro (m)	скелет	skelet
costola (f)	кабырга	kabırga
cranio (m)	баш сөөгү	baʃ søøgy
muscolo (m)	булчуң	bultʃuŋ
bicipite (m)	бицепс	bitseps
tricipite (m)	трицепс	tritseps
tendine (m)	тарамыш	taramıʃ
articolazione (f)	муундар	muundar

polmoni (m pl)	өпкө	øpkø
genitali (m pl)	жан жер	dʒan dʒer
pelle (f)	тери	teri

28. Testa

testa (f)	баш	baʃ
viso (m)	бет	bet
naso (m)	мурун	murun
bocca (f)	ооз	ooz

occhio (m)	көз	køz
occhi (m pl)	көздөр	køzdør
pupilla (f)	карек	karek
sopracciglio (m)	каш	kaʃ
ciglio (m)	кирпик	kirpik
palpebra (f)	кабак	kabak

lingua (f)	тил	til
dente (m)	тиш	tiʃ
labbra (f pl)	эриндер	erinder
zigomi (m pl)	бет сөөгү	bet søøgy
gengiva (f)	тиш эти	tiʃ eti
palato (m)	таңдай	taŋdaj

narici (f pl)	мурун тешиги	murun teʃigi
mento (m)	ээк	eek
mascella (f)	жаак	dʒaak
guancia (f)	бет	bet

fronte (f)	чеке	tʃeke
tempia (f)	чыкый	tʃɪkɪj
orecchio (m)	кулак	kulak
nuca (f)	желке	dʒelke
collo (m)	моюн	mojʉn
gola (f)	тамак	tamak

capelli (m pl)	чач	tʃatʃ
pettinatura (f)	чач жасоо	tʃatʃ dʒasoo
taglio (m)	чач кыркуу	tʃatʃ kɪrkuu
parrucca (f)	парик	parik

baffi (m pl)	мурут	murut
barba (f)	сакал	sakal
portare (~ la barba, ecc.)	мурут коюу	murut kojʉu
treccia (f)	өрүм чач	ørym tʃatʃ
basette (f pl)	бакенбарда	bakenbarda

rosso (agg)	сары	sarı
brizzolato (agg)	ак чачтуу	ak tʃatʃtuu
calvo (agg)	таз	taz
calvizie (f)	кашка	kaʃka
coda (f) di cavallo	куйрук	kujruk
frangetta (f)	көкүл	køkyl

29. Corpo umano

mano (f)	беш манжа	beʃ mandʒa
braccio (m)	кол	kol
dito (m)	манжа	mandʒa
dito (m) del piede	манжа	mandʒa
pollice (m)	бармак	barmak
mignolo (m)	чыпалак	tʃɪpalak
unghia (f)	тырмак	tɪrmak
pugno (m)	муштум	muʃtum
palmo (m)	алакан	alakan
polso (m)	билек	bilek
avambraccio (m)	каруу	karuu
gomito (m)	чыканак	tʃɪkanak
spalla (f)	ийин	ijin
gamba (f)	бут	but
pianta (f) del piede	таман	taman
ginocchio (m)	тизе	tize
polpaccio (m)	балтыр	baltɪr
anca (f)	сан	san
tallone (m)	согончок	sogontʃok
corpo (m)	дене	dene
pancia (f)	курсак	kursak
petto (m)	төш	tøʃ
seno (m)	эмчек	emtʃek
fianco (m)	каптал	kaptal
schiena (f)	арка жон	arka dʒon
zona (f) lombare	бел	bel
vita (f)	бел	bel
ombelico (m)	киндик	kindik
natiche (f pl)	жамбаш	dʒambaʃ
sedere (m)	көчүк	køtʃyk
neo (m)	мең	meŋ
voglia (f) (~ di fragola)	кал	kal
tatuaggio (m)	татуировка	tatuirovka
cicatrice (f)	тырык	tɪrɪk

Abbigliamento e Accessori

30. Indumenti. Soprabiti

vestiti (m pl)	кийим	kijim
soprabito (m)	үстүңкү кийим	ystyŋky kijim
abiti (m pl) invernali	кышкы кийим	kıʃkı kijim

cappotto (m)	пальто	palʲto
pelliccia (f)	тон	ton
pellicciotto (m)	чолок тон	tʃolok ton
piumino (m)	мамык олпок	mamık olpok

giubbotto (m), giaccha (f)	күрмө	kyrmø
impermeabile (m)	плащ	plaʃtʃ
impermeabile (agg)	суу өткүс	suu øtkys

31. Abbigliamento uomo e donna

camicia (f)	көйнөк	køjnøk
pantaloni (m pl)	шым	ʃım
jeans (m pl)	джинсы	dʒinsı
giacca (f) (~ di tweed)	бешмант	beʃmant
abito (m) da uomo	костюм	kostʉm

abito (m)	көйнөк	køjnøk
gonna (f)	юбка	jʉbka
camicetta (f)	блузка	bluzka
giacca (f) a maglia	кофта	kofta
giacca (f) tailleur	кыска бешмант	kıska beʃmant

maglietta (f)	футболка	futbolka
pantaloni (m pl) corti	чолок шым	tʃolok ʃım
tuta (f) sportiva	спорт кийими	sport kijimi
accappatoio (m)	халат	χalat
pigiama (m)	пижама	pidʒama

| maglione (m) | свитер | sviter |
| pullover (m) | пуловер | pulover |

gilè (m)	жилет	dʒilet
frac (m)	фрак	frak
smoking (m)	смокинг	smoking

uniforme (f)	форма	forma
tuta (f) da lavoro	жумуш кийим	dʒumuʃ kijim
salopette (f)	комбинезон	kombinezon
camice (m) (~ del dottore)	халат	χalat

32. Abbigliamento. Biancheria intima

biancheria (f) intima	ич кийим	itʃ kijim
boxer (m pl)	эркектер чолок дамбалы	erkekter tʃolok dambalı
mutandina (f)	аялдар трусиги	ajaldar trusigi
maglietta (f) intima	майка	majka
calzini (m pl)	байпак	bajpak
camicia (f) da notte	жатаарда кийүүчү көйнөк	dʒataarda kijyytʃy køjnøk
reggiseno (m)	бюстгальтер	bustgalʲter
calzini (m pl) alti	гольфы	golʲfı
collant (m)	колготки	kolgotki
calze (f pl)	байпак	bajpak
costume (m) da bagno	купальник	kupalʲnik

33. Copricapo

cappello (m)	топу	topu
cappello (m) di feltro	шляпа	ʃlʲapa
cappello (m) da baseball	бейсболка	bejsbolka
coppola (f)	кепка	kepka
basco (m)	берет	beret
cappuccio (m)	капюшон	kapuʃon
panama (m)	панамка	panamka
berretto (m) a maglia	токулган шапка	tokulgan ʃapka
fazzoletto (m) da capo	жоолук	dʒooluk
cappellino (m) donna	шляпа	ʃlʲapa
casco (m) (~ di sicurezza)	каска	kaska
bustina (f)	пилотка	pilotka
casco (m) (~ moto)	шлем	ʃlem
bombetta (f)	котелок	kotelok
cilindro (m)	цилиндр	tsılindr

34. Calzature

calzature (f pl)	бут кийим	but kijim
stivaletti (m pl)	ботинка	botinka
scarpe (f pl)	туфли	tufli
stivali (m pl)	өтүк	øtyk
pantofole (f pl)	тапочка	tapotʃka
scarpe (f pl) da tennis	кроссовка	krossovka
scarpe (f pl) da ginnastica	кеды	kedı
sandali (m pl)	сандалии	sandalii
calzolaio (m)	өтүкчү	øtyktʃy
tacco (m)	така	taka

paio (m)	түгөй	tygøj
laccio (m)	боо	boo
allacciare (vt)	боолоо	booloo
calzascarpe (m)	кашык	kaʃık
lucido (m) per le scarpe	өтүк май	øtyk maj

35. Tessuti. Stoffe

cotone (m)	пахта	paχta
di cotone	пахтадан	paχtadan
lino (m)	зыгыр	zıgır
di lino	зыгырдан	zıgırdan
seta (f)	жибек	dʒibek
di seta	жибек	dʒibek
lana (f)	жүн	dʒyn
di lana	жүндөн	dʒyndøn
velluto (m)	баркыт	barkıt
camoscio (m)	күдөрү	kydøry
velluto (m) a coste	чий баркыт	tʃij barkıt
nylon (m)	нейлон	nejlon
di nylon	нейлон	nejlon
poliestere (m)	полиэстер	poliester
di poliestere	полиэстер	poliester
pelle (f)	булгаары	bulgaarı
di pelle	булгаары	bulgaarı
pelliccia (f)	тери	teri
di pelliccia	тери	teri

36. Accessori personali

guanti (m pl)	колкап	kolkap
manopole (f pl)	мээлей	meelej
sciarpa (f)	моюн орогуч	mojʉn orogutʃ
occhiali (m pl)	көз айнек	køz ajnek
montatura (f)	алкак	alkak
ombrello (m)	чатырча	tʃatırtʃa
bastone (m)	аса таяк	asa tajak
spazzola (f) per capelli	тарак	tarak
ventaglio (m)	желпингич	dʒelpingitʃ
cravatta (f)	галстук	galstuk
cravatta (f) a farfalla	галстук-бабочка	galstuk-babotʃka
bretelle (f pl)	шым тарткыч	ʃım tartkıtʃ
fazzoletto (m)	бетаарчы	betaartʃı
pettine (m)	тарак	tarak
fermaglio (m)	чачсайгы	tʃatʃsajgı

| forcina (f) | шпилька | ʃpilʲka |
| fibbia (f) | таралга | taralga |

| cintura (f) | кайыш кур | kajıʃ kur |
| spallina (f) | илгич | ilgitʃ |

borsa (f)	колбаштык	kolbaʃtık
borsetta (f)	кичине колбаштык	kitʃine kolbaʃtık
zaino (m)	жонбаштык	dʒonbaʃtık

37. Abbigliamento. Varie

moda (f)	мода	moda
di moda	саркеч	sarketʃ
stilista (m)	модельер	modeljer

collo (m)	жака	dʒaka
tasca (f)	чөнтөк	tʃøntøk
tascabile (agg)	чөнтөк	tʃøntøk
manica (f)	жең	dʒeŋ
asola (f) per appendere	илгич	ilgitʃ
patta (f) (~ dei pantaloni)	ширинка	ʃirinka

cerniera (f) lampo	молния	molnija
chiusura (f)	топчулук	toptʃuluk
bottone (m)	топчу	toptʃu
occhiello (m)	илмек	ilmek
staccarsi (un bottone)	үзүлүү	yzylyy

cucire (vi, vt)	тигүү	tigyy
ricamare (vi, vt)	сайма саюу	sajma sajuu
ricamo (m)	сайма	sajma
ago (m)	ийне	ijne
filo (m)	жип	dʒip
cucitura (f)	тигиш	tigiʃ

sporcarsi (vr)	булгап алуу	bulgap aluu
macchia (f)	так	tak
sgualcirsi (vr)	бырышып калуу	bırıʃıp kaluu
strappare (vt)	айрылуу	ajrıluu
tarma (f)	күбө	kybø

38. Cura della persona. Cosmetici

dentifricio (m)	тиш пастасы	tiʃ pastası
spazzolino (m) da denti	тиш щёткасы	tiʃ ʃtʃotkası
lavarsi i denti	тиш жуу	tiʃ dʒuu

rasoio (m)	устара	ustara
crema (f) da barba	кырынуу үчүн көбүк	kırınuu ytʃyn købyk
rasarsi (vr)	кырынуу	kırınuu
sapone (m)	самын	samın

shampoo (m)	шампунь	ʃampunʲ
forbici (f pl)	кайчы	kajtʃı
limetta (f)	тырмак өгөө	tırmak øgøø
tagliaunghie (m)	тырмак кычкачы	tırmak kıtʃkatʃı
pinzette (f pl)	искек	iskek

cosmetica (f)	упа-эндик	upa-endik
maschera (f) di bellezza	маска	maska
manicure (m)	маникюр	manikʉr
fare la manicure	маникюр жасоо	manikdʒʉr dʒasoo
pedicure (m)	педикюр	pedikʉr

borsa (f) del trucco	косметичка	kosmetitʃka
cipria (f)	упа	upa
portacipria (m)	упа кутусу	upa kutusu
fard (m)	эндик	endik

profumo (m)	атыр	atır
acqua (f) da toeletta	туалет атыр суусу	tualet atır suusu
lozione (f)	лосьон	losʲon
acqua (f) di Colonia	одеколон	odekolon

ombretto (m)	көз боёгу	køz bojogu
eyeliner (m)	көз карандашы	køz karandaʃı
mascara (m)	кирпик үчүн боек	kirpik ytʃyn boek

rossetto (m)	эрин помадасы	erin pomadası
smalto (m)	тырмак үчүн лак	tırmak ytʃyn lak
lacca (f) per capelli	чач үчүн лак	tʃatʃ ytʃyn lak
deodorante (m)	дезодорант	dezodorant

crema (f)	крем	krem
crema (f) per il viso	бетмай	betmaj
crema (f) per le mani	кол үчүн май	kol ytʃyn maj
crema (f) antirughe	бырыштарга каршы бет май	bırıʃtarga karʃı bet maj

crema (f) da giorno	күндүзгү бет май	kyndyzgy bet maj
crema (f) da notte	түнкү бет май	tynky bet maj
da giorno	күндүзгү	kyndyzgy
da notte	түнкү	tynky

tampone (m)	тампон	tampon
carta (f) igienica	даарат кагазы	daarat kagazı
fon (m)	фен	fen

39. Gioielli

gioielli (m pl)	зер буюмдар	zer bujʉmdar
prezioso (agg)	баалуу	baaluu
marchio (m)	проба	proba

anello (m)	шакек	ʃakek
anello (m) nuziale	нике шакеги	nike ʃakegi
braccialetto (m)	билерик	bilerik

orecchini (m pl)	сөйкө	søjkø
collana (f)	шуру	ʃuru
corona (f)	таажы	taadʒı
perline (f pl)	мончок	montʃok

diamante (m)	бриллиант	brilliant
smeraldo (m)	зымырыт	zımırıt
rubino (m)	лаал	laal
zaffiro (m)	сапфир	sapfir
perle (f pl)	бермет	bermet
ambra (f)	янтарь	jantarʲ

40. Orologi da polso. Orologio

orologio (m) (~ da polso)	кол саат	kol saat
quadrante (m)	циферблат	tsıferblat
lancetta (f)	жебе	dʒebe
braccialetto (m)	браслет	braslet
cinturino (m)	кайыш кур	kajıʃ kur

pila (f)	батарейка	batarejka
essere scarico	зарядканын түгөнүүсү	zarʲadkanın tygønyysy
cambiare la pila	батарейка алмаштыруу	batarejka almaʃtıruu
andare avanti	алдыга кетүү	aldıga ketyy
andare indietro	калуу	kaluu

orologio (m) da muro	дубалга тагуучу саат	dubalga taguutʃu saat
clessidra (f)	кум саат	kum saat
orologio (m) solare	күн саат	kyn saat
sveglia (f)	ойготкуч саат	ojgotkutʃ saat
orologiaio (m)	саат устасы	saat ustasɪ
riparare (vt)	оңдоо	oŋdoo

Cibo. Alimentazione

41. Cibo

carne (f)	эт	et
pollo (m)	тоок	took
pollo (m) novello	балапан	balapan
anatra (f)	өрдөк	ørdøk
oca (f)	каз	kaz
cacciagione (f)	илбээсин	ilbeesin
tacchino (m)	күрп	kyrp
maiale (m)	чочко эти	tʃotʃko eti
vitello (m)	торпок эти	torpok eti
agnello (m)	кой эти	koj eti
manzo (m)	уй эти	uj eti
coniglio (m)	коен	koen
salame (m)	колбаса	kolbasa
w?rstel (m)	сосиска	sosiska
pancetta (f)	бекон	bekon
prosciutto (m)	ветчина	vettʃina
prosciutto (m) affumicato	сан эт	san et
pâté (m)	паштет	paʃtet
fegato (m)	боор	boor
carne (f) trita	фарш	farʃ
lingua (f)	тил	til
uovo (m)	жумуртка	dʒumurtka
uova (f pl)	жумурткалар	dʒumurtkalar
albume (m)	жумурртканын агы	dʒumurtkanın agı
tuorlo (m)	жумуртканын сарысы	dʒumurtkanın sarısı
pesce (m)	балык	balık
frutti (m pl) di mare	деңиз азыктары	deŋiz azıktarı
crostacei (m pl)	рак сыяктуулар	rak sijaktuular
caviale (m)	урук	uruk
granchio (m)	краб	krab
gamberetto (m)	креветка	krevetka
ostrica (f)	устрица	ustritsa
aragosta (f)	лангуст	langust
polpo (m)	сегиз бут	segiz but
calamaro (m)	кальмар	kalʲmar
storione (m)	осетрина	osetrina
salmone (m)	лосось	lososʲ
ippoglosso (m)	палтус	paltus
merluzzo (m)	треска	treska

scombro (m)	скумбрия	skumbrija
tonno (m)	тунец	tunets
anguilla (f)	угорь	ugorʲ
trota (f)	форель	forelʲ
sardina (f)	сардина	sardina
luccio (m)	чортон	tʃorton
aringa (f)	сельдь	selʲdʲ
pane (m)	нан	nan
formaggio (m)	сыр	sɪr
zucchero (m)	кум шекер	kum-ʃeker
sale (m)	туз	tuz
riso (m)	күрүч	kyrytʃ
pasta (f)	макарон	makaron
tagliatelle (f pl)	кесме	kesme
burro (m)	ак май	ak maj
olio (m) vegetale	өсүмдүк майы	øsymdyk majɪ
olio (m) di girasole	күн карама майы	kyn karama majɪ
margarina (f)	маргарин	margarin
olive (f pl)	зайтун	zajtun
olio (m) d'oliva	зайтун майы	zajtun majɪ
latte (m)	сүт	syt
latte (m) condensato	коютулган сүт	kojʉtulgan syt
yogurt (m)	йогурт	jogurt
panna (f) acida	сметана	smetana
panna (f)	каймак	kajmak
maionese (m)	майонез	majonez
crema (f)	крем	krem
cereali (m pl)	акшак	akʃak
farina (f)	ун	un
cibi (m pl) in scatola	консерва	konserva
fiocchi (m pl) di mais	жарылган жүгөрү	dʒarɪlgan dʒygøry
miele (m)	бал	bal
marmellata (f)	джем, конфитюр	dʒem, konfitʉr
gomma (f) da masticare	сагыз	sagɪz

42. Bevande

acqua (f)	суу	suu
acqua (f) potabile	ичүүчү суу	itʃyytʃy suu
acqua (f) minerale	минерал суусу	mineral suusu
liscia (non gassata)	газсыз	gazsɪz
gassata (agg)	газдалган	gazdalgan
frizzante (agg)	газы менен	gazɪ menen
ghiaccio (m)	муз	muz

con ghiaccio	музу менен	muzu menen
analcolico (agg)	алкоголсуз	alkogolsuz
bevanda (f) analcolica	алкоголсуз ичимдик	alkogolsuz itʃimdik
bibita (f)	суусундук	suusunduk
limonata (f)	лимонад	limonad

bevande (f pl) alcoliche	спирт ичимдиктери	spirt itʃimdikteri
vino (m)	шарап	ʃarap
vino (m) bianco	ак шарап	ak ʃarap
vino (m) rosso	кызыл шарап	kızıl ʃarap

liquore (m)	ликёр	likʲor
champagne (m)	шампан	ʃampan
vermouth (m)	вермут	vermut

whisky	виски	viski
vodka (f)	арак	arak
gin (m)	джин	dʒin
cognac (m)	коньяк	konjak
rum (m)	ром	rom

caffè (m)	кофе	kofe
caffè (m) nero	кара кофе	kara kofe
caffè latte (m)	сүттөлгөн кофе	syttølgøn kofe
cappuccino (m)	капучино	kaputʃino
caffè (m) solubile	эрүүчү кофе	eryytʃy kofe

latte (m)	сүт	syt
cocktail (m)	коктейль	koktejlʲ
frullato (m)	сүт коктейли	syt koktejli

succo (m)	шире	ʃire
succo (m) di pomodoro	томат ширеси	tomat ʃiresi
succo (m) d'arancia	апельсин ширеси	apelʲsin ʃiresi
spremuta (f)	түз сыгылып алынган ширe	tyz sıgılıp alıngan ʃire

birra (f)	сыра	sıra
birra (f) chiara	ачык сыра	atʃık sıra
birra (f) scura	коңур сыра	koɲur sıra

tè (m)	чай	tʃaj
tè (m) nero	кара чай	kara tʃaj
tè (m) verde	жашыл чай	dʒaʃıl tʃaj

43. Verdure

| ortaggi (m pl) | жашылча | dʒaʃıltʃa |
| verdura (f) | көк чөп | køk tʃøp |

pomodoro (m)	помидор	pomidor
cetriolo (m)	бадыраң	badıraŋ
carota (f)	сабиз	sabiz
patata (f)	картошка	kartoʃka

| cipolla (f) | пияз | pijaz |
| aglio (m) | сарымсак | sarımsak |

cavolo (m)	капуста	kapusta
cavolfiore (m)	гүлдүү капуста	gyldyy kapusta
cavoletti (m pl) di Bruxelles	брюссель капустасы	brussel kapustası
broccolo (m)	брокколи капустасы	brokkoli kapustası

barbabietola (f)	кызылча	kızıltʃa
melanzana (f)	баклажан	bakladʒan
zucchina (f)	кабачок	kabatʃok
zucca (f)	ашкабак	aʃkabak
rapa (f)	шалгам	ʃalgam

prezzemolo (m)	петрушка	petruʃka
aneto (m)	укроп	ukrop
lattuga (f)	салат	salat
sedano (m)	сельдерей	selʲderej
asparago (m)	спаржа	spardʒa
spinaci (m pl)	шпинат	ʃpinat

pisello (m)	нокот	nokot
fave (f pl)	буурчак	buurtʃak
mais (m)	жүгөрү	dʒygøry
fagiolo (m)	төө буурчак	tøø buurtʃak

peperone (m)	таттуу перец	tattuu perets
ravanello (m)	шалгам	ʃalgam
carciofo (m)	артишок	artiʃok

44. Frutta. Noci

frutto (m)	мөмө	mømø
mela (f)	алма	alma
pera (f)	алмурут	almurut
limone (m)	лимон	limon
arancia (f)	апельсин	apelʲsin
fragola (f)	кулпунай	kulpunaj

mandarino (m)	мандарин	mandarin
prugna (f)	кара өрүк	kara øryk
pesca (f)	шабдаалы	ʃabdaalı
albicocca (f)	өрүк	øryk
lampone (m)	дан куурай	dan kuuraj
ananas (m)	ананас	ananas

banana (f)	банан	banan
anguria (f)	арбуз	arbuz
uva (f)	жүзүм	dʒyzym
amarena (f)	алча	altʃa
ciliegia (f)	гилас	gilas
melone (m)	коон	koon
pompelmo (m)	грейпфрут	grejpfrut
avocado (m)	авокадо	avokado

papaia (f)	папайя	papaja
mango (m)	манго	mango
melagrana (f)	анар	anar
ribes (m) rosso	кызыл карагат	kızıl karagat
ribes (m) nero	кара карагат	kara karagat
uva (f) spina	крыжовник	krıdʒovnik
mirtillo (m)	кара моюл	kara mojʉl
mora (f)	кара бүлдүркөн	kara byldyrkøn
uvetta (f)	мейиз	mejiz
fico (m)	анжир	andʒir
dattero (m)	курма	kurma
arachide (f)	арахис	araχis
mandorla (f)	бадам	badam
noce (f)	жаңгак	dʒaŋgak
nocciola (f)	токой жаңгагы	tokoj dʒaŋgagı
noce (f) di cocco	кокос жаңгагы	kokos dʒaŋgagı
pistacchi (m pl)	мисте	miste

45. Pane. Dolci

pasticceria (f)	кондитер азыктары	konditer azıktarı
pane (m)	нан	nan
biscotti (m pl)	печенье	petʃenje
cioccolato (m)	шоколад	ʃokolad
al cioccolato (agg)	шоколаддан	ʃokoladdan
caramella (f)	конфета	konfeta
tortina (f)	пирожное	pirodʒnoe
torta (f)	торт	tort
crostata (f)	пирог	pirog
ripieno (m)	начинка	natʃinka
marmellata (f)	кыям	kıjam
marmellata (f) di agrumi	мармелад	marmelad
wafer (m)	вафли	vafli
gelato (m)	бал муздак	bal muzdak
budino (m)	пудинг	puding

46. Pietanze cucinate

piatto (m) (~ principale)	тамак	tamak
cucina (f)	даам	daam
ricetta (f)	тамак жасоо ыкмасы	tamak dʒasoo ıkması
porzione (f)	порция	porʦija
insalata (f)	салат	salat
minestra (f)	сорпо	sorpo
brodo (m)	ынак сорпо	ınak sorpo

panino (m)	бутерброд	buterbrod
uova (f pl) al tegamino	куурулган жумуртка	kuurulgan dʒumurtka
hamburger (m)	гамбургер	gamburger
bistecca (f)	бифштекс	bifʃteks
contorno (m)	гарнир	garnir
spaghetti (m pl)	спагетти	spagetti
purè (m) di patate	эзилген картошка	ezilgen kartoʃka
pizza (f)	пицца	pitsa
porridge (m)	ботко	botko
frittata (f)	омлет	omlet
bollito (agg)	сууга бышырылган	suuga bıʃırılgan
affumicato (agg)	ышталган	ıʃtalgan
fritto (agg)	куурулган	kuurulgan
secco (agg)	кургатылган	kurgatılgan
congelato (agg)	тоңдурулган	toŋdurulgan
sottoaceto (agg)	маринаддагы	marinaddagı
dolce (gusto)	таттуу	tattuu
salato (agg)	туздуу	tuzduu
freddo (agg)	муздак	muzdak
caldo (agg)	ысык	ısık
amaro (agg)	ачуу	atʃuu
buono, gustoso (agg)	даамдуу	daamduu
cuocere, preparare (vt)	кайнатуу	kajnatuu
cucinare (vi)	тамак бышыруу	tamak bıʃıruu
friggere (vt)	кууруу	kuuruu
riscaldare (vt)	жылытуу	dʒılıtuu
salare (vt)	туздоо	tuzdoo
pepare (vt)	калемпир кошуу	kalempir koʃuu
grattugiare (vt)	сүргүлөө	syrgyløø
buccia (f)	сырты	sırtı
sbucciare (vt)	тазалоо	tazaloo

47. Spezie

sale (m)	туз	tuz
salato (agg)	туздуу	tuzduu
salare (vt)	туздоо	tuzdoo
pepe (m) nero	кара мурч	kara murtʃ
peperoncino (m)	кызыл калемпир	kızıl kalempir
senape (f)	горчица	gortʃitsa
cren (m)	хрен	χren
condimento (m)	татымал	tatımal
spezie (f pl)	татымал	tatımal
salsa (f)	соус	sous
aceto (m)	уксус	uksus
anice (m)	анис	anis

basilico (m)	райхон	rajχon
chiodi (m pl) di garofano	гвоздика	gvozdika
zenzero (m)	имбирь	imbirʲ
coriandolo (m)	кориандр	koriandr
cannella (f)	корица	koritsa

sesamo (m)	кунжут	kundʒut
alloro (m)	лавр жалбырагы	lavr dʒalbıragı
paprica (f)	паприка	paprika
cumino (m)	зира	zira
zafferano (m)	заапаран	zaaparan

48. Pasti

| cibo (m) | тамак | tamak |
| mangiare (vi, vt) | тамактануу | tamaktanuu |

colazione (f)	таӊкы тамак	taŋkı tamak
fare colazione	эртеӊ менен тамактануу	erteŋ menen tamaktanuu
pranzo (m)	түшкү тамак	tyʃky tamak
pranzare (vi)	түштөнүү	tyʃtønyy
cena (f)	кечки тамак	ketʃki tamak
cenare (vi)	кечки тамакты ичүү	ketʃki tamaktı itʃyy

| appetito (m) | табит | tabit |
| Buon appetito! | Тамагыӊыз таттуу болсун! | tamagıŋız tattuu bolsun! |

aprire (vt)	ачуу	atʃuu
rovesciare (~ il vino, ecc.)	төгүп алуу	tøgyp aluu
rovesciarsi (vr)	төгүлүү	tøgylyy
bollire (vi)	кайноо	kajnoo
far bollire	кайнатуу	kajnatuu
bollito (agg)	кайнатылган	kajnatılgan
raffreddare (vt)	суутуу	suutuu
raffreddarsi (vr)	сууп туруу	suup turuu

| gusto (m) | даам | daam |
| retrogusto (m) | даамдануу | daamdanuu |

essere a dieta	арыктоо	arıktoo
dieta (f)	мүнөз тамак	mynøz tamak
vitamina (f)	витамин	vitamin
caloria (f)	калория	kalorija
vegetariano (m)	эттен чанган	etten tʃangan
vegetariano (agg)	этсиз даярдалган	etsiz dajardalgan

grassi (m pl)	майлар	majlar
proteine (f pl)	белоктор	beloktor
carboidrati (m pl)	көмүрсуулар	kømyrsuular

fetta (f), fettina (f)	кесим	kesim
pezzo (m) (~ di torta)	бөлүк	bølyk
briciola (f) (~ di pane)	күкүм	kykym

49. Preparazione della tavola

cucchiaio (m)	кашык	kaʃık
coltello (m)	бычак	bıtʃak
forchetta (f)	вилка	vilka
tazza (f)	чөйчөк	tʃøjtʃøk
piatto (m)	табак	tabak
piattino (m)	табак	tabak
tovagliolo (m)	майлык	majlık
stuzzicadenti (m)	тиш чукугуч	tiʃ tʃukugutʃ

50. Ristorante

ristorante (m)	ресторан	restoran
caffè (m)	кофекана	kofekana
pub (m), bar (m)	бар	bar
sala (f) da tè	чай салону	tʃaj salonu
cameriere (m)	официант	ofitsiant
cameriera (f)	официант кыз	ofitsiant kız
barista (m)	бармен	barmen
menù (m)	меню	menʉ
lista (f) dei vini	шарап картасы	ʃarap kartası
prenotare un tavolo	столду камдык буйрутмалоо	stoldu kamdık bujrutmaloo
piatto (m)	тамак	tamak
ordinare (~ il pranzo)	буйрутма кылуу	bujrutma kıluu
fare un'ordinazione	буйрутма берүү	bujrutma beryy
aperitivo (m)	аперитив	aperitiv
antipasto (m)	ысылык	ısılık
dolce (m)	десерт	desert
conto (m)	эсеп	esep
pagare il conto	эсеп төлөө	esep tøløø
dare il resto	майда акчаны кайтаруу	majda aktʃanı kajtaruu
mancia (f)	чайпул	tʃajpul

Famiglia, parenti e amici

51. Informazioni personali. Moduli

nome (m)	аты	atı
cognome (m)	фамилиясы	familijası
data (f) di nascita	төрөлгөн күнү	tørølgøn kyny
luogo (m) di nascita	туулган жери	tuulgan dʒeri
nazionalità (f)	улуту	ulutu
domicilio (m)	жашаган жери	dʒaʃagan dʒeri
paese (m)	өлкө	ølkø
professione (f)	кесиби	kesibi
sesso (m)	жынысы	dʒınısı
statura (f)	бою	bojʉ
peso (m)	салмак	salmak

52. Membri della famiglia. Parenti

madre (f)	эне	ene
padre (m)	ата	ata
figlio (m)	уул	uul
figlia (f)	кыз	kız
figlia (f) minore	кичүү кыз	kitʃyy kız
figlio (m) minore	кичүү уул	kitʃyy uul
figlia (f) maggiore	улуу кыз	uluu kız
figlio (m) maggiore	улуу уул	uluu uul
fratello (m)	бир тууган	bir tuugan
fratello (m) maggiore	байке	bajke
fratello (m) minore	ини	ini
sorella (f)	бир тууган	bir tuugan
sorella (f) maggiore	эже	edʒe
sorella (f) minore	синди	siŋdi
cugino (m)	атасы же энеси бир тууган	atası dʒe enesi bir tuugan
cugina (f)	атасы же энеси бир тууган	atası dʒe enesi bir tuugan
mamma (f)	апа	apa
papà (m)	ата	ata
genitori (m pl)	ата-эне	ata-ene
bambino (m)	бала	bala
bambini (m pl)	балдар	baldar
nonna (f)	чоӊ апа	tʃoŋ apa

nonno (m)	чоң ата	tʃoŋ ata
nipote (m) (figlio di un figlio)	небере бала	nebere bala
nipote (f)	небере кыз	nebere kız
nipoti (pl)	неберелер	nebereler
zio (m)	таяке	tajake
zia (f)	таяже	tajadʒe
nipote (m) (figlio di un fratello)	ини	ini
nipote (f)	жээн	dʒeen
suocera (f)	кайын эне	kajın ene
suocero (m)	кайын ата	kajın ata
genero (m)	күйөө бала	kyjøø bala
matrigna (f)	өгөй эне	øgøj ene
patrigno (m)	өгөй ата	øgøj ata
neonato (m)	эмчектеги бала	emtʃektegi bala
infante (m)	ымыркай	ımırkaj
bimbo (m), ragazzino (m)	бөбөк	bøbøk
moglie (f)	аял	ajal
marito (m)	эр	er
coniuge (m)	күйөө	kyjøø
coniuge (f)	зайып	zajıp
sposato (agg)	аялы бар	ajalı bar
sposata (agg)	күйөөдө	kyjøødø
celibe (agg)	бойдок	bojdok
scapolo (m)	бойдок	bojdok
divorziato (agg)	ажырашкан	adʒıraʃkan
vedova (f)	жесир	dʒesir
vedovo (m)	жесир	dʒesir
parente (m)	тууган	tuugan
parente (m) stretto	жакын тууган	dʒakın tuugan
parente (m) lontano	алыс тууган	alıs tuugan
parenti (m pl)	бир тууган	bir tuugan
orfano (m), orfana (f)	жетим	dʒetim
tutore (m)	камкорчу	kamkortʃu
adottare (~ un bambino)	уул кылып асырап алуу	uul kılıp asırap aluu
adottare (~ una bambina)	кыз кылып асырап алуу	kız kılıp asırap aluu

53. Amici. Colleghi

amico (m)	дос	dos
amica (f)	курбу	kurbu
amicizia (f)	достук	dostuk
essere amici	достошуу	dostoʃuu
amico (m) (inform.)	шерик	ʃerik
amica (f) (inform.)	шерик кыз	ʃerik kız
partner (m)	өнөктөш	ønøktøʃ
capo (m)	башчы	baʃtʃı

capo (m), superiore (m)	башчы	baʃtʃı
proprietario (m)	кожоюн	kodʒodʒʉn
subordinato (m)	кол астындагы	kol astındagı
collega (m)	кесиптеш	kesipteʃ

conoscente (m)	тааныш	taanıʃ
compagno (m) di viaggio	жолдош	dʒoldoʃ
compagno (m) di classe	класссаш	klasstaʃ

vicino (m)	кошуна	koʃuna
vicina (f)	кошуна	koʃuna
vicini (m pl)	кошуналар	koʃunalar

54. Uomo. Donna

donna (f)	аял	ajal
ragazza (f)	кыз	kız
sposa (f)	колукту	koluktu

bella (agg)	сулуу	suluu
alta (agg)	бою узун	bojʉ uzun
snella (agg)	сымбаттуу	sımbattuu
bassa (agg)	орто бойлуу	orto bojluu

| bionda (f) | ак саргыл чачтуу | ak sargıl tʃatʃtuu |
| bruna (f) | кара чачтуу | kara tʃatʃtuu |

da donna (agg)	аялдардын	ajaldardın
vergine (f)	эркек көрө элек кыз	erkek kørø elek kız
incinta (agg)	кош бойлуу	koʃ bojluu

uomo (m) (adulto maschio)	эркек	erkek
biondo (m)	ак саргыл чачтуу	ak sargıl tʃatʃtuu
bruno (m)	кара чачтуу	kara tʃatʃtuu
alto (agg)	бийик бойлуу	bijik bojluu
basso (agg)	орто бойлуу	orto bojluu

sgarbato (agg)	орой	oroj
tozzo (agg)	жапалдаш бой	dʒapaldaʃ boj
robusto (agg)	чымыр	tʃımır
forte (agg)	күчтүү	kytʃtyy
forza (f)	күч	kytʃ

grasso (agg)	толук	toluk
bruno (agg)	кара тору	kara toru
snello (agg)	сымбаттуу	sımbattuu
elegante (agg)	жарашып кийинген	dʒaraʃıp kijingen

55. Età

| età (f) | жаш | dʒaʃ |
| giovinezza (f) | жаштык | dʒaʃtık |

giovane (agg)	жаш	ʤaʃ
più giovane (agg)	кичүү	kiʧyy
più vecchio (agg)	улуу	uluu

giovane (m)	улан	ulan
adolescente (m, f)	өспүрүм	øspyrym
ragazzo (m)	жигит	ʤigit

vecchio (m)	абышка	abıʃka
vecchia (f)	кемпир	kempir

adulto (m)	чоң киши	ʧoŋ kiʃi
di mezza età	орто жаш	orto ʤaʃ
anziano (agg)	жашап калган	ʤaʃap kalgan
vecchio (agg)	картаң	kartaŋ

pensionamento (m)	бааракы	baarakı
andare in pensione	ардактуу эс алууга чыгуу	ardaktuu es aluuga ʧıguu
pensionato (m)	бааргер	baarger

56. Bambini

bambino (m), bambina (f)	бала	bala
bambini (m pl)	балдар	baldar
gemelli (m pl)	эгиздер	egizder

culla (f)	бешик	beʃik
sonaglio (m)	шырылдак	ʃırıldak
pannolino (m)	жалаяк	ʤalajak

tettarella (f)	упчу	upʧu
carrozzina (f)	бешик араба	beʃik araba
scuola (f) materna	бала бакча	bala bakʧa
baby-sitter (f)	бала баккыч	bala bakkıʧ

infanzia (f)	балалык	balalık
bambola (f)	куурчак	kuurʧak
giocattolo (m)	оюнчук	ojʉnʧuk
gioco (m) di costruzione	конструктор	konstruktor
educato (agg)	тарбия көргөн	tarbija kørgøn
maleducato (agg)	жетесиз	ʤetesiz
viziato (agg)	эрке	erke

essere disubbidiente	тентектик кылуу	tentektik kıluu
birichino (agg)	тентек	tentek
birichinata (f)	шоктук, тентектик	ʃoktuk, tentektik
bambino (m) birichino	тентек	tentek

ubbidiente (agg)	элпек	elpek
disubbidiente (agg)	тил албас	til albas

docile (agg)	зээндүү	zeendyy
intelligente (agg)	акылдуу	akılduu
bambino (m) prodigio	вундеркинд	vunderkind

57. Coppie sposate. Vita di famiglia

baciare (vt)	өбүү	øbyy
baciarsi (vr)	өбүшүү	øbyʃyy
famiglia (f)	үй-бүлө	yj-bylø
familiare (agg)	үй-бүлөлүү	yj-bylølyy
coppia (f)	эрди-катын	erdi-katın
matrimonio (m)	нике	nike
focolare (m) domestico	үй очогу	yj oʧogu
dinastia (f)	династия	dinastija
appuntamento (m)	жолугушуу	dʒoluguʃuu
bacio (m)	өбүү	øbyy
amore (m)	сүйүү	syjyy
amare (qn)	сүйүү	syjyy
amato (agg)	жакшы көргөн	dʒakʃı kørgøn
tenerezza (f)	назиктик	naziktik
dolce, tenero (agg)	назик	nazik
fedeltà (f)	берилгендик	berilgendik
fedele (agg)	ишенимдүү	iʃenimdyy
premura (f)	кам көрүү	kam køryy
premuroso (agg)	камкор	kamkor
sposi (m pl) novelli	жаңы үйлөнүшкөндөр	dʒaŋı yjlønyʃkøndør
luna (f) di miele	таттуулашуу	tattuulaʃuu
sposarsi (per una donna)	күйөөгө чыгуу	kyjøøgø ʧıguu
sposarsi (per un uomo)	аял алуу	ajal aluu
nozze (f pl)	үйлөнүү той	yjlønyy toy
nozze (f pl) d'oro	алтын үлпөт той	altın ylpøt toj
anniversario (m)	жылдык	dʒıldık
amante (m)	ойнош	ojnoʃ
amante (f)	ойнош	ojnoʃ
adulterio (m)	көзгө чөп салуу	køzgø ʧøp saluu
tradire (commettere adulterio)	көзгө чөп салуу	køzgø ʧøp saluu
geloso (agg)	кызгануу	kızganuu
essere geloso	кызгануу	kızganuu
divorzio (m)	ажырашуу	adʒıraʃuu
divorziare (vi)	ажырашуу	adʒıraʃuu
litigare (vi)	урушуу	uruʃuu
fare pace	жарашуу	dʒaraʃuu
insieme	бирге	birge
sesso (m)	жыныстык катнаш	dʒınıstık katnaʃ
felicità (f)	бакыт	bakıt
felice (agg)	бактылуу	baktıluu
disgrazia (f)	кырсык	kırsık
infelice (agg)	бактысыз	baktısız

Personalità. Sentimenti. Emozioni

58. Sentimenti. Emozioni

sentimento (m)	сезим	sezim
sentimenti (m pl)	сезим	sezim
sentire (vt)	сезүү	sezyy

fame (f)	ачка болуу	atʃka boluu
avere fame	ачка болуу	atʃka boluu
sete (f)	чаңкоо	tʃaŋkoo
avere sete	суусап калуу	suusap kaluu
sonnolenza (f)	уйкусу келүү	ujkusu kelyy
avere sonno	уйкусу келүү	ujkusu kelyy

stanchezza (f)	чарчоо	tʃartʃoo
stanco (agg)	чарчаңкы	tʃartʃaŋkı
stancarsi (vr)	чарчоо	tʃartʃoo

umore (m) (buon ~)	көңүл	køŋyl
noia (f)	зеригүү	zerigyy
annoiarsi (vr)	зеригүү	zerigyy
isolamento (f)	элден качуу	elden katʃuu
isolarsi (vr)	элден качуу	elden katʃuu

preoccupare (vt)	көңүлүн бөлүү	køŋylyn bølyy
essere preoccupato	сарсанаа болуу	sarsanaa boluu
agitazione (f)	кабатырлануу	kabatırlanuu
preoccupazione (f)	чочулоо	tʃotʃuloo
preoccupato (agg)	бушайман	buʃajman
essere nervoso	тынчы кетүү	tıntʃı ketyy
andare in panico	дүрбөлөңгө түшүү	dyrbøløŋgø tyʃyy

| speranza (f) | үмүт | ymyt |
| sperare (vi, vt) | үмүттөнүү | ymyttønyy |

certezza (f)	ишенимдүүлүк	iʃenimdyylyk
sicuro (agg)	ишеничтүү	iʃenitʃtyy
incertezza (f)	ишенбегендик	iʃenbegendik
incerto (agg)	ишенбеген	iʃenbegen

ubriaco (agg)	мас	mas
sobrio (agg)	соо	soo
debole (agg)	бошоң	boʃoŋ
fortunato (agg)	бактылуу	baktıluu
spaventare (vt)	жүрөгүн түшүрүү	dʒyrøgyn tyʃyryy
furia (f)	жинденүү	dʒindenyy
rabbia (f)	жаалдануу	dʒaaldanuu
depressione (f)	көңүлү чөгүү	køŋyly tʃøgyy
disagio (m)	ыңгайсыз	ıŋgajsız

conforto (m)	ыңгайлуу	ıŋgajluu
rincrescere (vi)	өкүнүү	økynyy
rincrescimento (m)	өкүнүп калуу	økynyp kaluu
sfortuna (f)	жолу болбоо	dʒolu bolboo
tristezza (f)	капалануу	kapalanuu

vergogna (f)	уят	ujat
allegria (f)	кубаныч	kubanıtʃ
entusiasmo (m)	ынта менен	ınta menen
entusiasta (m)	ынтызар	ıntızar
mostrare entusiasmo	ынтасын көрсөтүү	ıntasın kørsøtyy

59. Personalità. Carattere

carattere (m)	мүнөз	mynøz
difetto (m)	кемчилик	kemtʃilik
mente (f)	эс-акыл	es-akıl
intelletto (m)	акыл	akıl

coscienza (f)	абийир	abijir
abitudine (f)	адат	adat
capacità (f)	жөндөм	dʒøndøm
sapere (~ nuotare)	билүү	bilyy

paziente (agg)	көтөрүмдүү	køtørymdyy
impaziente (agg)	чыдамы жок	tʃıdamı dʒok
curioso (agg)	ынтызар	ıntızar
curiosità (f)	кызыгуучулук	kızıguutʃuluk

modestia (f)	жөнөкөйлүк	dʒønøkøjlyk
modesto (agg)	жөнөкөй	dʒønøkøj
immodesto (agg)	чекилик	tʃekilik

pigrizia (f)	жалкоолук	dʒalkooluk
pigro (agg)	жалкоо	dʒalkoo
poltrone (m)	эринчээк	erintʃeek

furberia (f)	куулук	kuuluk
furbo (agg)	куу	kuu
diffidenza (f)	ишенбөөчүлүк	iʃenbøøtʃylyk
diffidente (agg)	ишенбеген	iʃenbegen

generosità (f)	берешендик	bereʃendik
generoso (agg)	берешен	bereʃen
di talento	зээндүү	zeendyy
talento (m)	талант	talant

coraggioso (agg)	кайраттуу	kajrattuu
coraggio (m)	кайрат	kajrat
onesto (agg)	чынчыл	tʃıntʃıl
onestà (f)	чынчылдык	tʃıntʃıldık

| prudente (agg) | сак | sak |
| valoroso (agg) | тайманбас | tajmanbas |

| serio (agg) | оор басырыктуу | oor basırıktuu |
| severo (agg) | сүрдүү | syrdyy |

deciso (agg)	чечкиндүү	tʃetʃkindyy
indeciso (agg)	чечкинсиз	tʃetʃkinsiz
timido (agg)	тартынчаак	tartıntʃaak
timidezza (f)	жүрөкзаада	dʒyrøkzaada

fiducia (f)	ишеним артуу	iʃenim artuu
fidarsi (vr)	ишенүү	iʃenyy
fiducioso (agg)	ишенчээк	iʃentʃeek

sinceramente	чын жүрөктөн	tʃın dʒyrøktøn
sincero (agg)	ак ниеттен	ak nietten
sincerità (f)	ак ниеттүүлүк	ak niettyylyk
aperto (agg)	ачык	atʃık

tranquillo (agg)	жоош	dʒooʃ
sincero (agg)	ачык	atʃık
ingenuo (agg)	ишенчээк	iʃentʃeek
distratto (agg)	унутчаак	unuttʃaak
buffo (agg)	кызык	kızık

avidità (f)	ач көздүк	atʃ køzdyk
avido (agg)	сараң	saraŋ
avaro (agg)	сараң	saraŋ
cattivo (agg)	каардуу	kaarduu
testardo (agg)	көк	køk
antipatico (agg)	жагымсыз	dʒagımsız

egoista (m)	өзүмчүл	øzymtʃyl
egoistico (agg)	өзүмчүл	øzymtʃyl
codardo (m)	суу жүрөк	suu dʒyrøk
codardo (agg)	суу жүрөк	suu dʒyrøk

60. Dormire. Sogni

dormire (vi)	уктоо	uktoo
sonno (m) (stato di sonno)	уйку	ujku
sogno (m)	түш	tyʃ
sognare (fare sogni)	түш көрүү	tyʃ køryy
sonnolento (agg)	уйкусураган	ujkusuragan

letto (m)	керебет	kerebet
materasso (m)	матрас	matras
coperta (f)	жууркан	dʒuurkan
cuscino (m)	жаздык	dʒazdık
lenzuolo (m)	шейшеп	ʃejʃep

insonnia (f)	уйкусуздук	ujkusuzduk
insonne (agg)	уйкусуз	ujkusuz
sonnifero (m)	уйку дарысы	ujku darısı
prendere il sonnifero	уйку дарысын ичүү	ujku darısın itʃyy
avere sonno	уйкусу келүү	ujkusu kelyy

sbadigliare (vi)	эстөө	estøø
andare a letto	уктоого кетүү	uktoogo ketyy
fare il letto	төшөк салуу	tøʃøk saluu
addormentarsi (vr)	уктап калуу	uktap kaluu
incubo (m)	коркунучтуу түш	korkunutʃtuu tyʃ
russare (m)	коңурук	koɳuruk
russare (vi)	коңурук тартуу	koɳuruk tartuu
sveglia (f)	ойготкуч саат	ojgotkutʃ saat
svegliare (vt)	ойготуу	ojgotuu
svegliarsi (vr)	ойгонуу	ojgonuu
alzarsi (vr)	төшөктөн туруу	tøʃøktøn turuu
lavarsi (vr)	бети-колду жуу	beti-koldu ʤuu

61. Umorismo. Risata. Felicità

umorismo (m)	күлкү салуу	kylky saluu
senso (m) dello humour	тамашага чалуу	tamaʃaga tʃaluu
divertirsi (vr)	көңүл ачуу	køɳyl atʃuu
allegro (agg)	көңүлдүү	køɳyldyy
allegria (f)	көңүлдүүлүк	køɳyldyylyk
sorriso (m)	жылмайыш	ʤɪlmajɪʃ
sorridere (vi)	жылмаюу	ʤɪlmaʤɐu
mettersi a ridere	күлүп жиберүү	kylyp ʤiberyy
ridere (vi)	күлүү	kylyy
riso (m)	күлкү	kylky
aneddoto (m)	күлкүлүү окуя	kylkylyy okuja
divertente (agg)	күлкүлүү	kylkylyy
ridicolo (agg)	кызык	kɪzɪk
scherzare (vi)	тамашалоо	tamaʃaloo
scherzo (m)	тамаша	tamaʃa
gioia (f) (fare salti di ~)	кубаныч	kubanɪtʃ
rallegrarsi (vr)	кубануу	kubanuu
allegro (agg)	кубанычтуу	kubanɪtʃtuu

62. Discussione. Conversazione. Parte 1

comunicazione (f)	баарлашуу	baarlaʃuu
comunicare (vi)	баарлашуу	baarlaʃuu
conversazione (f)	сүйлөшүү	syjløʃyy
dialogo (m)	маек	maek
discussione (f)	талкуу	talkuu
dibattito (m)	талаш	talaʃ
discutere (vi)	талашуу	talaʃuu
interlocutore (m)	аңгемелешкен	aɳgemeleʃken
tema (m)	тема	tema

punto (m) di vista	көз караш	køz karaʃ
opinione (f)	ой-пикир	oj-pikir
discorso (m)	сөз	søz

discussione (f)	талкуу	talkuu
discutere (~ una proposta)	талкуулоо	talkuuloo
conversazione (f)	маек	maek
conversare (vi)	маектешүү	maekteʃyy
incontro (m)	жолугушуу	dʒoluguʃuu
incontrarsi (vr)	жолугушуу	dʒoluguʃuu

proverbio (m)	макал-лакап	makal-lakap
detto (m)	лакап	lakap
indovinello (m)	табышмак	tabıʃmak
fare un indovinello	табышмак айтуу	tabıʃmak ajtuu
parola (f) d'ordine	сырсөз	sırsøz
segreto (m)	сыр	sır

giuramento (m)	ант	ant
giurare (prestare giuramento)	ант берүү	ant beryy
promessa (f)	убада	ubada
promettere (vt)	убада берүү	ubada beryy

consiglio (m)	кеңеш	keŋeʃ
consigliare (vt)	кеңеш берүү	keŋeʃ beryy
seguire il consiglio	кеңешин жолдоо	keŋeʃin dʒoldoo
ubbidire (ai genitori)	угуу	uguu

notizia (f)	жаңылык	dʒaŋılık
sensazione (f)	дүң салуу	dyŋ saluu
informazioni (f pl)	маалымат	maalımat
conclusione (f)	корутунду	korutundu
voce (f)	үн	yn
complimento (m)	мактоо	maktoo
gentile (agg)	сылык	sılık

parola (f)	сөз	søz
frase (f)	сүйлөм	syjløm
risposta (f)	жооп	dʒoop

| verità (f) | чындык | tʃındık |
| menzogna (f) | жалган | dʒalgan |

pensiero (m)	ой	oj
idea (f)	ой	oj
fantasia (f)	ойдон чыгаруу	ojdon tʃıgaruu

63. Discussione. Conversazione. Parte 2

rispettato (agg)	урматтуу	urmattuu
rispettare (vt)	сыйлоо	sıjloo
rispetto (m)	урмат	urmat
Egregio ...	Урматтуу ...	urmattuu ...
presentare (~ qn)	тааныштыруу	taanıʃtıruu

fare la conoscenza di ...	таанышуу	taanıʃuu
intenzione (f)	ниет	niet
avere intenzione	ниеттенүү	niettenyy
augurio (m)	каалоо	kaaloo
augurare (vt)	каалоо айтуу	kaaloo ajtuu
sorpresa (f)	таңгалыч	taŋgalıtʃ
sorprendere (stupire)	таң калтыруу	taŋ kaltıruu
stupirsi (vr)	таң калуу	taŋ kaluu
dare (vt)	берүү	beryy
prendere (vt)	алуу	aluu
rendere (vt)	кайтарып берүү	kajtarıp beryy
restituire (vt)	кайра берүү	kajra beryy
scusarsi (vr)	кечирим суроо	ketʃirim suroo
scusa (f)	кечирим	ketʃirim
perdonare (vt)	кечирүү	ketʃiryy
parlare (vi, vt)	сүйлөшүү	syjløʃyy
ascoltare (vi)	угуу	uguu
ascoltare fino in fondo	кулак салуу	kulak saluu
capire (vt)	түшүнүү	tyʃynyy
mostrare (vt)	көрсөтүү	kørsøtyy
guardare (vt)	... кароо	... karoo
chiamare (rivolgersi a)	чакыруу	tʃakıruu
dare fastidio	тынчын алуу	tıntʃın aluu
disturbare (vt)	тынчын алуу	tıntʃın aluu
consegnare (vt)	узатып коюу	uzatıp kojʉu
richiesta (f)	сураныч	suranıtʃ
chiedere (vt)	суроо	suroo
esigenza (f)	талап	talap
esigere (vt)	талап кылуу	talap kıluu
stuzzicare (vt)	кыжырына тийүү	kıdʒırına tijyy
canzonare (vt)	шылдыңдоо	ʃıldıŋdoo
burla (f), beffa (f)	шылдың	ʃıldıŋ
soprannome (m)	лакап ат	lakap at
allusione (f)	кыйытма	kıjıtma
alludere (vi)	кыйытып айтуу	kıjıtıp aytuu
intendere (cosa intendi dire?)	билдирүү	bildiryy
descrizione (f)	сүрөттөө	syrøttøø
descrivere (vt)	сүрөттөп берүү	syrøttøp beryy
lode (f)	алкыш	alkıʃ
lodare (vt)	мактоо	maktoo
delusione (f)	көңүлү калуу	køŋyly kaluu
deludere (vt)	көңүлүн калтыруу	køŋylyn kaltıruu
rimanere deluso	көңүл калуу	køŋyl kaluu
supposizione (f)	божомол	bodʒomol
supporre (vt)	божомолдоо	bodʒomoldoo

| avvertimento (m) | эскертүү | eskertyy |
| avvertire (vt) | эскертүү | eskertyy |

64. Discussione. Conversazione. Parte 3

persuadere (vt)	көндүрүү	køndyryy
tranquillizzare (vt)	тынчтандыруу	tıntʃtandıruu
silenzio (m) (il ~ è d'oro)	жымжырт	dʒımdʒırt
tacere (vi)	унчукпоо	untʃukpoo
sussurrare (vt)	шыбыроо	ʃıbıroo
sussurro (m)	шыбыр	ʃıbır
francamente	ачык айтканда	atʃık ajtkanda
secondo me ...	менин оюмча ...	menin ojʉmtʃa ...
dettaglio (m)	ийне-жиби	ijne-dʒibi
dettagliato (agg)	тетиктелген	tetiktelgen
dettagliatamente	тетикке чейин	tetikke tʃejin
suggerimento (m)	четин чыгаруу	tʃetin tʃıgaruu
suggerire (vt)	четин чыгаруу	tʃetin tʃıgaruu
sguardo (m)	көз	køz
gettare uno sguardo	карап коюу	karap kojʉu
fisso (agg)	тиктеген	tiktegen
battere le palpebre	көз ирмөө	køz irmøø
ammiccare (vi)	көз кысуу	køz kısuu
accennare col capo	баш ийкөө	baʃ ijkøø
sospiro (m)	дем чыгаруу	dem tʃıgaruu
sospirare (vi)	дем алуу	dem aluu
sussultare (vi)	селт этүү	selt etyy
gesto (m)	жаңсоо	dʒaŋsoo
toccare (~ il braccio)	тийип кетүү	tijip ketyy
afferrare (~ per il braccio)	кармоо	karmoo
picchiettare (~ la spalla)	таптоо	taptoo
Attenzione!	Абайлагыла!	abajlagıla!
Davvero?	Чын элеби?!	tʃın elebi?!
Sei sicuro?	Жаңылган жоксуңбу?	dʒaŋılgan dʒoksuŋbu?
Buona fortuna!	Ийгилик!	ijgilik!
Capito!	Түшүнүктүү!	tyʃynyktyy!
Peccato!	Кап!	kap!

65. Accordo. Rifiuto

accordo (m)	макулдук	makulduk
essere d'accordo	макул болуу	makul boluu
approvazione (f)	колдоо	koldoo
approvare (vt)	колдоо	koldoo
rifiuto (m)	баш тартуу	baʃ tartuu

rifiutarsi (vr)	баш тартуу	baʃ tartuu
Perfetto!	Эң жакшы!	eŋ dʒakʃı!
Va bene!	Жакшы!	dʒakʃı!
D'accordo!	Макул!	makul!

vietato, proibito (agg)	тыюу салынган	tıjuu salıngan
è proibito	болбойт	bolbojt
è impossibile	мүмкүн эмес	mymkyn emes
sbagliato (agg)	туура эмес	tuura emes

respingere (~ una richiesta)	четке кагуу	tʃetke kaguu
sostenere (~ un'idea)	колдоо	koldoo
accettare (vt)	кабыл алуу	kabıl aluu

confermare (vt)	ырастоо	ırastoo
conferma (f)	ырастоо	ırastoo
permesso (m)	уруксат	uruksat
permettere (vt)	уруксат берүү	uruksat beryy
decisione (f)	чечим	tʃetʃim
non dire niente	унчукпоо	untʃukpoo

condizione (f)	шарт	ʃart
pretesto (m)	шылтоо	ʃıltoo
lode (f)	алкыш	alkıʃ
lodare (vt)	мактоо	maktoo

66. Successo. Fortuna. Fiasco

successo (m)	ийгилик	ijgilik
con successo	ийгиликтүү	ijgiliktyy
ben riuscito (agg)	ийгиликтүү	ijgiliktyy

fortuna (f)	жол болуу	dʒol boluu
Buona fortuna!	Ийгилик!	ijgilik!
fortunato (giorno ~)	ийгиликтүү	ijgiliktyy
fortunato (persona ~a)	жолу бар	dʒolu bar

fiasco (m)	жолу болбостук	dʒolu bolbostuk
disdetta (f)	жолу болбостук	dʒolu bolbostuk
sfortuna (f)	жолу болбоо	dʒolu bolboo

fallito (agg)	жолу болбогон	dʒolu bolbogon
disastro (m)	киши көрбөсүн	kiʃi kørbøsyn

orgoglio (m)	сыймык	sıjmık
orgoglioso (agg)	көтөрүнгөн	køtøryngøn
essere fiero di …	сыймыктануу	sıjmıktanuu

vincitore (m)	жеңүүчү	dʒeŋyytʃy
vincere (vi)	жеңүү	dʒeŋyy
perdere (subire una sconfitta)	жеңилүү	dʒeŋilyy
tentativo (m)	аракет	araket
tentare (vi)	аракет кылуу	araket kıluu
chance (f)	мүмкүнчүлүк	mymkyntʃylyk

67. Dispute. Sentimenti negativi

grido (m)	кыйкырык	kıjkırık
gridare (vi)	кыйкыруу	kıjkıruu
mettersi a gridare	кыйкырып алуу	kıjkırıp aluu
litigio (m)	уруш	uruʃ
litigare (vi)	урушуу	uruʃuu
lite (f)	чатак	tʃatak
dare scandalo (litigare)	чатакташуу	tʃataktaʃuu
conflitto (m)	чыр-чатак	tʃır-tʃatak
fraintendimento (m)	түшүнбөстүк	tyʃynbøstyk
insulto (m)	кордоо	kordoo
insultare (vt)	кемсинтүү	kemsintyy
offeso (agg)	катуу тийген	katuu tijgen
offesa (f)	таарыныч	taarınıtʃ
offendere (qn)	көңүлгө тийүү	køŋylgø tijyy
offendersi (vr)	таарынып калуу	taarınıp kaluu
indignazione (f)	нааразылык	naarazılık
indignarsi (vr)	нааразы болуу	naarazı boluu
lamentela (f)	арыз	arız
lamentarsi (vr)	арыздануу	arızdanuu
scusa (f)	кечирим	ketʃirim
scusarsi (vr)	кечирим суроо	ketʃirim suroo
chiedere scusa	кечирим суроо	ketʃirim suroo
critica (f)	сын-пикир	sın-pikir
criticare (vt)	сындоо	sındoo
accusa (f)	айыптоо	ajıptoo
accusare (vt)	айыптоо	ajıptoo
vendetta (f)	өч алуу	øtʃ aluu
vendicare (vt)	өч алуу	øtʃ aluu
disprezzo (m)	киши катары көрбөө	kiʃi katarı kørbøø
disprezzare (vt)	киши катарына албоо	kiʃi katarına alboo
odio (m)	жек көрүү	dʒek køryy
odiare (vt)	жек көрүү	dʒek køryy
nervoso (agg)	тынчы кеткен	tıntʃı ketken
essere nervoso	тынчы кетүү	tıntʃı ketyy
arrabbiato (agg)	ачууланган	atʃuulangan
fare arrabbiare	ачуусун келтирүү	atʃuusun keltiryy
umiliazione (f)	кемсинтүү	kemsintyy
umiliare (vt)	кемсинтүү	kemsintyy
umiliarsi (vr)	байкуш болуу	bajkuʃ boluu
shock (m)	дендирөө	dendirøø
scandalizzare (vt)	дендиретүү	dendiretyy
problema (m) (avere ~i)	жагымсыз жагдай	dʒagımsız dʒagdaj
spiacevole (agg)	жагымсыз	dʒagımsız

spavento (m), paura (f)	коркунуч	korkunutʃ
terribile (una tempesta ~)	каардуу	kaarduu
spaventoso (un racconto ~)	коркунучтуу	korkunutʃtuu
orrore (m)	үрөй учуу	yrøj utʃuu
orrendo (un crimine ~)	үрөй учуруу	yrøj utʃuruu

cominciare a tremare	калтырап баштоо	kaltırap baʃtoo
piangere (vi)	ыйлоо	ijloo
mettersi a piangere	ыйлап жиберүү	ijlap dʒiberyy
lacrima (f)	көз жаш	køz dʒaʃ

colpa (f)	күнөө	kynøø
senso (m) di colpa	күнөө сезими	kynøø sezimi
vergogna (f)	уят	ujat
protesta (f)	нааразылык	naarazılık
stress (m)	бушайман болуу	buʃajman boluu

disturbare (vt)	тынчын алуу	tıntʃin aluu
essere arrabbiato	жини келүү	dʒini kelyy
arrabbiato (agg)	ачуулуу	atʃuuluu
porre fine a ... (~ una relazione)	токтотуу	toktotuu
rimproverare (vt)	урушуу	uruʃuu

spaventarsi (vr)	чоочуу	tʃootʃuu
colpire (vt)	уруу	uruu
picchiarsi (vr)	мушташуу	muʃtaʃuu

regolare (~ un conflitto)	жөндөө	dʒøndøø
scontento (agg)	нааразы	naarazı
furioso (agg)	жаалданган	dʒaaldangan

| Non sta bene! | Бул жакшы эмес! | bul dʒakʃı emes! |
| Fa male! | Бул жаман! | bul dʒaman! |

Medicinali

68. Malattie

malattia (f)	оору	ooru
essere malato	ооруу	ooruu
salute (f)	ден-соолук	den-sooluk
raffreddore (m)	мурдунан суу агуу	murdunan suu aguu
tonsillite (f)	ангина	angina
raffreddore (m)	суук тийүү	suuk tijyy
raffreddarsi (vr)	суук тийгизип алуу	suuk tijgizip aluu
bronchite (f)	бронхит	bronχit
polmonite (f)	кабыргадан сезгенүү	kabırgadan sezgenyy
influenza (f)	сасык тумоо	sasık tumoo
miope (agg)	алыстан көрө албоо	alıstan kørø alboo
presbite (agg)	жакындан көрө албоо	dʒakından kørø alboo
strabismo (m)	кылый көздүүлүк	kılıj køzdyylyk
strabico (agg)	кылый көздүүлүк	kılıj køzdyylyk
cateratta (f)	челкөз	tʃelkøz
glaucoma (m)	глаукома	glaukoma
ictus (m) cerebrale	мээге кан куюлуу	meege kan kujuluu
attacco (m) di cuore	инфаркт	infarkt
infarto (m) miocardico	инфаркт миокарда	infarkt miokarda
paralisi (f)	шал	ʃal
paralizzare (vt)	шал болуу	ʃal boluu
allergia (f)	аллергия	allergija
asma (f)	астма	astma
diabete (m)	диабет	diabet
mal (m) di denti	тиш оорусу	tiʃ oorusu
carie (f)	кариес	karies
diarrea (f)	ич өткү	itʃ øtky
stitichezza (f)	ич катуу	itʃ katuu
disturbo (m) gastrico	ич бузулгандык	itʃ buzulgandık
intossicazione (f) alimentare	ууулануу	uulanuu
intossicarsi (vr)	ууулануу	uulanuu
artrite (f)	артрит	artrit
rachitide (f)	итий	itij
reumatismo (m)	кызыл жүгүрүк	kızıl dʒygyryk
aterosclerosi (f)	атеросклероз	ateroskleroz
gastrite (f)	карын сезгенүүсу	karın sezgenyysu
appendicite (f)	аппендицит	appendiʦit

| colecistite (f) | холецистит | χoletsistit |
| ulcera (f) | жара | dʒara |

morbillo (m)	кызылча	kızıltʃa
rosolia (f)	кызамык	kızamık
itterizia (f)	сарык	sarık
epatite (f)	гепатит	gepatit

schizofrenia (f)	шизофрения	ʃizofrenija
rabbia (f)	кутурма	kuturma
nevrosi (f)	невроз	nevroz
commozione (f) cerebrale	мээнин чайкалышы	meenin tʃajkalıʃı

cancro (m)	рак	rak
sclerosi (f)	склероз	skleroz
sclerosi (f) multipla	жайылган склероз	dʒajılgan skleroz

alcolismo (m)	аракечтик	araketʃtik
alcolizzato (m)	аракеч	araketʃ
sifilide (f)	котон жара	koton dʒara
AIDS (m)	СПИД	spid

tumore (m)	шишик	ʃiʃik
maligno (agg)	залалдуу	zalalduu
benigno (agg)	залалсыз	zalalsız

febbre (f)	безгек	bezgek
malaria (f)	безгек	bezgek
cancrena (f)	кабыз	kabız
mal (m) di mare	дениз оорусу	deŋiz oorusu
epilessia (f)	талма	talma

epidemia (f)	эпидемия	epidemija
tifo (m)	келте	kelte
tubercolosi (f)	кургак учук	kurgak utʃuk
colera (m)	холера	χolera
peste (f)	кара тумоо	kara tumoo

69. Sintomi. Cure. Parte 1

sintomo (m)	белги	belgi
temperatura (f)	дене табынын көтөрүлүшү	dene tabının køtørylyʃy
febbre (f) alta	жогорку температура	dʒogorku temperatura
polso (m)	тамыр кагышы	tamır kagıʃı

capogiro (m)	баш айлануу	baʃ ajlanuu
caldo (agg)	ысык	ısık
brivido (m)	чыйрыгуу	tʃijrıguu
pallido (un viso ~)	купкуу	kupkuu

tosse (f)	жөтөл	dʒøtøl
tossire (vi)	жөтөлүү	dʒøtølyy
starnutire (vi)	чүчкүрүү	tʃytʃkyryy

svenimento (m)	эси оо	esi oo
svenire (vi)	эси ооп жыгылуу	esi oop dʒıgıluu
livido (m)	көк-ала	køk-ala
bernoccolo (m)	шишик	ʃiʃik
farsi un livido	урунуп алуу	urunup aluu
contusione (f)	көгөртүп алуу	køgørtyp aluu
farsi male	көгөртүп алуу	køgørtyp aluu
zoppicare (vi)	аксоо	aksoo
slogatura (f)	муундун чыгып кетүүсү	muundun tʃıgıp ketyysy
slogarsi (vr)	чыгарып алуу	tʃıgarıp aluu
frattura (f)	сынуу	sınuu
fratturarsi (vr)	сындырып алуу	sındırıp aluu
taglio (m)	кесилген жер	kesilgen dʒer
tagliarsi (vr)	кесип алуу	kesip aluu
emorragia (f)	кан кетүү	kan ketyy
scottatura (f)	күйүк	kyjyk
scottarsi (vr)	күйгүзүп алуу	kyjgyzyp aluu
pungere (vt)	саюу	sajʉu
pungersi (vr)	сайып алуу	sajıp aluu
ferire (vt)	кокустатып алуу	kokustatıp aluu
ferita (f)	кокустатып алуу	kokustatıp aluu
lesione (f)	жара	dʒara
trauma (m)	жаракат	dʒarakat
delirare (vi)	жөлүү	dʒølyy
tartagliare (vi)	кекечтенүү	keketʃtenyy
colpo (m) di sole	күн өтүү	kyn øtyy

70. Sintomi. Cure. Parte 2

dolore (m), male (m)	оору	ooru
scheggia (f)	тикен	tiken
sudore (m)	тер	ter
sudare (vi)	тердөө	terdøø
vomito (m)	кусуу	kusuu
convulsioni (f pl)	тарамыш карышуусу	taramıʃ karıʃuusu
incinta (agg)	кош бойлуу	koʃ bojluu
nascere (vi)	төрөлүү	tørølyy
parto (m)	төрөт	tørøt
essere in travaglio di parto	төрөө	tørøø
aborto (m)	бойдон түшүрүү	bojdon tyʃyryy
respirazione (f)	дем алуу	dem aluu
inspirazione (f)	дем алуу	dem aluu
espirazione (f)	дем чыгаруу	dem tʃıgaruu
espirare (vi)	дем чыгаруу	dem tʃıgaruu
inspirare (vi)	дем алуу	dem aluu

invalido (m)	майып	majıp
storpio (m)	мунжу	mundʒu
drogato (m)	баңги	baŋgi

sordo (agg)	дүлөй	dyløj
muto (agg)	дудук	duduk
sordomuto (agg)	дудук	duduk

matto (agg)	жин тийген	dʒin tijgen
matto (m)	жинди чалыш	dʒindi tʃalıʃ
matta (f)	жинди чалыш	dʒindi tʃalıʃ
impazzire (vi)	мээси айныган	meesi ajnıgan

gene (m)	ген	gen
immunità (f)	иммунитет	immunitet
ereditario (agg)	тукум куучулук	tukum kuutʃuluk
innato (agg)	тубаса	tubasa

virus (m)	вирус	virus
microbo (m)	микроб	mikrob
batterio (m)	бактерия	bakterija
infezione (f)	жугуштуу илдет	dʒuguʃtuu ildet

71. Sintomi. Cure. Parte 3

| ospedale (m) | оорукана | oorukana |
| paziente (m) | бейтап | bejtap |

diagnosi (f)	дарт аныктоо	dart anıktoo
cura (f)	дарылоо	darıloo
trattamento (m)	дарылоо	darıloo
curarsi (vr)	дарылануу	darılanuu
curare (vt)	дарылоо	darıloo
accudire (un malato)	кароо	karoo
assistenza (f)	кароо	karoo

operazione (f)	операция	operatsija
bendare (vt)	жараны таңуу	dʒaranı taŋuu
fasciatura (f)	таңуу	taŋuu

vaccinazione (f)	эмдөө	emdøø
vaccinare (vt)	эмдөө	emdøø
iniezione (f)	ийне салуу	ijne saluu
fare una puntura	ийне сайдыруу	ijne sajdıruu

attacco (m) (~ epilettico)	оору кармап калуу	ooru karmap kaluu
amputazione (f)	кесүү	kesyy
amputare (vt)	кесип таштоо	kesip taʃtoo
coma (m)	кома	koma
essere in coma	комада болуу	komada boluu
rianimazione (f)	реанимация	reanimatsija

| guarire (vi) | сакаюу | sakajuu |
| stato (f) (del paziente) | абал | abal |

| conoscenza (f) | эсинде | esinde |
| memoria (f) | эс тутум | es tutum |

estrarre (~ un dente)	тишти жулуу	tiʃti dʒuluu
otturazione (f)	пломба	plomba
otturare (vt)	пломба салуу	plomba saluu

| ipnosi (f) | гипноз | gipnoz |
| ipnotizzare (vt) | гипноз кылуу | gipnoz kıluu |

72. Medici

medico (m)	доктур	doktur
infermiera (f)	медсестра	medsestra
medico (m) personale	жекелик доктур	dʒekelik doktur

dentista (m)	тиш доктур	tiʃ doktur
oculista (m)	көз доктур	køz doktur
internista (m)	терапевт	terapevt
chirurgo (m)	хирург	χirurg

psichiatra (m)	психиатр	psiχiatr
pediatra (m)	педиатр	pediatr
psicologo (m)	психолог	psiχolog
ginecologo (m)	гинеколог	ginekolog
cardiologo (m)	кардиолог	kardiolog

73. Medicinali. Farmaci. Accessori

medicina (f)	дары-дармек	darı-darmek
rimedio (m)	дары	darı
prescrivere (vt)	жазып берүү	dʒazıp beryy
prescrizione (f)	рецепт	retsept

compressa (f)	таблетка	tabletka
unguento (m)	май	maj
fiala (f)	ампула	ampula
pozione (f)	аралашма	aralaʃma
sciroppo (m)	сироп	sirop
pillola (f)	пилюля	pilʉlʲa
polverina (f)	күкүм	kykym

benda (f)	бинт	bint
ovatta (f)	пахта	paχta
iodio (m)	йод	jod

cerotto (m)	лейкопластырь	lejkoplastırⁱ
contagocce (m)	дары тамызгыч	darı tamızgıtʃ
termometro (m)	градусник	gradusnik
siringa (f)	шприц	ʃprits
sedia (f) a rotelle	майып арабасы	majıp arabası
stampelle (f pl)	колтук таяк	koltuk tajak

analgesico (m)	оору сездирбөөчү дары	ooru sezdirbøøʧy darı
lassativo (m)	ич алдыруучу дары	iʧ aldıruuʧu darı
alcol (m)	спирт	spirt
erba (f) officinale	дары чөптөр	darı ʧøptør
d'erbe (infuso ~)	чөп чайы	ʧøp ʧajı

74. Fumo. Prodotti di tabaccheria

tabacco (m)	тамеки	tameki
sigaretta (f)	чылым	ʧılım
sigaro (m)	чылым	ʧılım
pipa (f)	трубка	trubka
pacchetto (m) (di sigarette)	пачке	paʧke

fiammiferi (m pl)	ширеңке	ʃireŋke
scatola (f) di fiammiferi	ширеңке кутусу	ʃireŋke kutusu
accendino (m)	зажигалка	zadʒigalka
portacenere (m)	күл салгыч	kyl salgıʧ
portasigarette (m)	портсигар	portsigar

| bocchino (m) | мундштук | mundʃtuk |
| filtro (m) | фильтр | fiłtr |

fumare (vi, vt)	тамеки тартуу	tameki tartuu
accendere una sigaretta	күйгүзүп алуу	kyjgyzyp aluu
fumo (m)	чылым чегүү	ʧılım ʧegyy
fumatore (m)	тамекичи	tamekiʧi

cicca (f), mozzicone (m)	чылым калдыгы	ʧılım kaldıgı
fumo (m)	түтүн	tytyn
cenere (f)	күл	kyl

HABITAT UMANO

Città

75. Città. Vita di città

città (f)	шаар	ʃaar
capitale (f)	борбор	borbor
villaggio (m)	кыштак	kıʃtak
mappa (f) della città	шаардын планы	ʃaardın planı
centro (m) della città	шаардын борбору	ʃaardın borboru
sobborgo (m)	шаардын чет жакасы	ʃaardın ʧet dʒakası
suburbano (agg)	шаардын чет жакасындагы	ʃaardın ʧet dʒakasındagı
periferia (f)	чет-жака	ʧet-dʒaka
dintorni (m pl)	чет-жака	ʧet-dʒaka
isolato (m)	квартал	kvartal
quartiere residenziale	турак-жай кварталы	turak-dʒaj kvartalı
traffico (m)	көчө кыймылы	køʧø kıjmılı
semaforo (m)	светофор	svetofor
trasporti (m pl) urbani	шаар транспорту	ʃaar transportu
incrocio (m)	кесилиш	kesiliʃ
passaggio (m) pedonale	жөө жүрүүчүлөр жолу	dʒøø dʒyryyʧylør dʒolu
sottopassaggio (m)	жер астындагы жол	dʒer astındagı dʒol
attraversare (vt)	жолду өтүү	dʒoldu øtyy
pedone (m)	жөө жүрүүчү	dʒøø dʒyryyʧy
marciapiede (m)	жанжол	dʒandʒol
ponte (m)	көпүрө	køpyrø
banchina (f)	жээк жол	dʒeek dʒol
fontana (f)	фонтан	fontan
vialetto (m)	аллея	alleja
parco (m)	сейил багы	sejil bagı
boulevard (m)	бульвар	bulʲvar
piazza (f)	аянт	ajant
viale (m), corso (m)	проспект	prospekt
via (f), strada (f)	көчө	køʧø
vicolo (m)	чолок көчө	ʧolok køʧø
vicolo (m) cieco	туюк көчө	tujuk køʧø
casa (f)	үй	yj
edificio (m)	имарат	imarat
grattacielo (m)	көк тиреген көп кабаттуу үй	køk tiregen køp kabattuu yj

facciata (f)	үйдүн алды	yjdyn aldı
tetto (m)	чатыр	tʃatır
finestra (f)	терезе	tereze
arco (m)	түркүк	tyrkyk
colonna (f)	мамы	mamı
angolo (m)	бурч	burtʃ

vetrina (f)	көрсөтмө айнек гөк	kørsøtmø ajnek ykøk
insegna (f) (di negozi, ecc.)	көрнөк	kørnøk
cartellone (m)	афиша	afiʃa
cartellone (m) pubblicitario	көрнөк-жарнак	kørnøk-dʒarnak
tabellone (m) pubblicitario	жарнамалык такта	dʒarnamalık takta

pattume (m), spazzatura (f)	таштанды	taʃtandı
pattumiera (f)	таштанды челек	taʃtandı tʃelek
sporcare (vi)	таштоо	taʃtoo
discarica (f) di rifiuti	таштанды үйүлгөн жер	taʃtandı yjylgøn dʒer

cabina (f) telefonica	телефон будкасы	telefon budkası
lampione (m)	чырак мамы	tʃırak mamı
panchina (f)	отургуч	oturgutʃ

poliziotto (m)	полиция кызматкери	politsija kızmatkeri
polizia (f)	полиция	politsija
mendicante (m)	кайырчы	kajırtʃı
barbone (m)	селсаяк	selsajak

76. Servizi cittadini

negozio (m)	дүкөн	dykøn
farmacia (f)	дарыкана	darıkana
ottica (f)	оптика	optika
centro (m) commerciale	соода борбору	sooda borboru
supermercato (m)	супермаркет	supermarket

panetteria (f)	нан дүкөнү	nan dykøny
fornaio (m)	навайчы	navajtʃı
pasticceria (f)	кондитердик дүкөн	konditerdik dykøn
drogheria (f)	азык-түлүк	azık-tylyk
macelleria (f)	эт дүкөнү	et dykøny

| fruttivendolo (m) | жашылча дүкөнү | dʒaʃıltʃa dykøny |
| mercato (m) | базар | bazar |

caffè (m)	кофекана	kofekana
ristorante (m)	ресторан	restoran
birreria (f), pub (m)	сыракана	sırakana
pizzeria (f)	пиццерия	pitserija

salone (m) di parrucchiere	чач тарач	tʃatʃ taratʃ
ufficio (m) postale	почта	potʃta
lavanderia (f) a secco	химиялык тазалоо	ximijalık tazaloo
studio (m) fotografico	фотоателье	fotoatelje
negozio (m) di scarpe	бут кийим дүкөнү	but kijim dykøny

libreria (f)	китеп дүкөнү	kitep dykøny
negozio (m) sportivo	спорт буюмдар дүкөнү	sport bujumdar dykøny
riparazione (f) di abiti	кийим ондоочу жай	kijim ondootʃu dʒaj
noleggio (m) di abiti	кийимди ижарага берүү	kijimdi idʒaraga beryy
noleggio (m) di film	тасмаларды ижарага берүү	tasmalardı idʒaraga beryy
circo (m)	цирк	tsırk
zoo (m)	зоопарк	zoopark
cinema (m)	кинотеатр	kinoteatr
museo (m)	музей	muzej
biblioteca (f)	китепкана	kitepkana
teatro (m)	театр	teatr
teatro (m) dell'opera	опера	opera
locale notturno (m)	түнкү клуб	tynky klub
casinò (m)	казино	kazino
moschea (f)	мечит	metʃit
sinagoga (f)	синагога	sinagoga
cattedrale (f)	чоң чиркөө	tʃoŋ tʃirkøø
tempio (m)	ибадаткана	ibadatkana
chiesa (f)	чиркөө	tʃirkøø
istituto (m)	коллеж	kolledʒ
università (f)	университет	universitet
scuola (f)	мектеп	mektep
prefettura (f)	префектура	prefektura
municipio (m)	мэрия	merija
albergo, hotel (m)	мейманкана	mejmankana
banca (f)	банк	bank
ambasciata (f)	элчилик	eltʃilik
agenzia (f) di viaggi	турагенттиги	turagenttigi
ufficio (m) informazioni	маалымат бюросу	maalımat bʉrosu
ufficio (m) dei cambi	алмаштыруу пункту	almaʃtıruu punktu
metropolitana (f)	метро	metro
ospedale (m)	оорукана	oorukana
distributore (m) di benzina	май куюучу станция	maj kujʉutʃu stantsija
parcheggio (m)	унаа токтоочу жай	unaa toktootʃu dʒaj

77. Mezzi pubblici in città

autobus (m)	автобус	avtobus
tram (m)	трамвай	tramvaj
filobus (m)	троллейбус	trollejbus
itinerario (m)	каттам	kattam
numero (m)	номер	nomer
andare in ...	... жүрүү	... dʒyryy
salire (~ sull'autobus)	... отуруу	... oturuu

scendere da ...	... түшүп калуу	... tyʃyp kaluu
fermata (f) (~ dell'autobus)	аялдама	ajaldama
prossima fermata (f)	кийинки аялдама	kijinki ajaldama
capolinea (m)	акыркы аялдама	akırkı ajaldama
orario (m)	ырааттама	ıraattama
aspettare (vt)	күтүү	kytyy
biglietto (m)	билет	bilet
prezzo (m) del biglietto	билеттин баасы	bilettin baası
cassiere (m)	кассир	kassir
controllo (m) dei biglietti	текшерүү	tekʃeryy
bigliettaio (m)	текшерүүчү	tekʃeryytʃy
essere in ritardo	кечигүү	ketʃigyy
perdere (~ il treno)	кечигип калуу	ketʃigip kaluu
avere fretta	шашуу	ʃaʃuu
taxi (m)	такси	taksi
taxista (m)	такси айдоочу	taksi ajdootʃu
in taxi	таксиде	takside
parcheggio (m) di taxi	такси токтоочу жай	taksi toktootʃu dʒaj
chiamare un taxi	такси чакыруу	taksi tʃakıruu
prendere un taxi	такси кармоо	taksi karmoo
traffico (m)	кече кыймылы	køtʃø kıjmılı
ingorgo (m)	тыгын	tıgın
ore (f pl) di punta	кызуу маал	kızuu maal
parcheggiarsi (vr)	токтотуу	toktotuu
parcheggiare (vt)	машинаны жайлаштыруу	maʃinanı dʒajlaʃtıruu
parcheggio (m)	унаа токтоочу жай	unaa toktootʃu dʒaj
metropolitana (f)	метро	metro
stazione (f)	бекет	beket
prendere la metropolitana	метродо жүрүү	metrodo dʒyryy
treno (m)	поезд	poezd
stazione (f) ferroviaria	вокзал	vokzal

78. Visita turistica

monumento (m)	эстелик	estelik
fortezza (f)	чеп	tʃep
palazzo (m)	сарай	saraj
castello (m)	сепил	sepil
torre (f)	мунара	munara
mausoleo (m)	күмбөз	kymbøz
architettura (f)	архитектура	arχitektura
medievale (agg)	орто кылымдык	orto kılımdık
antico (agg)	байыркы	bajırkı
nazionale (agg)	улуттук	uluttuk
famoso (agg)	таанымал	taanımal
turista (m)	турист	turist
guida (f)	гид	gid

escursione (f)	экскурсия	ekskursija
fare vedere	көрсөтүү	kørsøtyy
raccontare (vt)	айтып берүү	ajtıp beryy

trovare (vt)	табуу	tabuu
perdersi (vr)	адашып кетүү	adaʃıp ketyy
mappa (f) (~ della metropolitana)	схема	sхema
piantina (f) (~ della città)	план	plan

souvenir (m)	асембелек	asembelek
negozio (m) di articoli da regalo	асембелек дүкөнү	asembelek dykøny
fare foto	сүрөткө тартуу	syrøtkø tartuu
fotografarsi	сүрөткө түшүү	syrøtkø tyʃyy

79. Acquisti

comprare (vt)	сатып алуу	satıp aluu
acquisto (m)	сатып алуу	satıp aluu
fare acquisti	сатып алууга чыгуу	satıp aluuga tʃiguu
shopping (m)	базарчылоо	bazartʃıloo

| essere aperto (negozio) | иштөө | iʃtøø |
| essere chiuso | жабылуу | dʒabıluu |

calzature (f pl)	бут кийим	but kijim
abbigliamento (m)	кийим-кече	kijim-ketʃe
cosmetica (f)	упа-эндик	upa-endik
alimentari (m pl)	азык-түлүк	azık-tylyk
regalo (m)	белек	belek

| commesso (m) | сатуучу | satuutʃu |
| commessa (f) | сатуучу кыз | satuutʃu kız |

cassa (f)	касса	kassa
specchio (m)	күзгү	kyzgy
banco (m)	прилавок	prilavok
camerino (m)	кийим ченөөчү бөлмө	kijim tʃenøøtʃy bølmø

provare (~ un vestito)	кийим ченөө	kijim tʃenøø
stare bene (vestito)	ылайык келүү	ılajık kelyy
piacere (vi)	жактыруу	dʒaktıruu

prezzo (m)	баа	baa
etichetta (f) del prezzo	баа	baa
costare (vt)	туруу	turuu
Quanto?	Канча?	kantʃa?
sconto (m)	арзандатуу	arzandatuu

no muy caro (agg)	кымбат эмес	kımbat emes
a buon mercato	арзан	arzan
caro (agg)	кымбат	kımbat
È caro	Бул кымбат	bul kımbat

noleggio (m)	ижара	idʒara
noleggiare (~ un abito)	ижарага алуу	idʒaraga aluu
credito (m)	насыя	nasıja
a credito	насыяга алуу	nasıjaga aluu

80. Denaro

soldi (m pl)	акча	aktʃa
cambio (m)	алмаштыруу	almaʃtıruu
corso (m) di cambio	курс	kurs
bancomat (m)	банкомат	bankomat
moneta (f)	тыйын	tıjın

| dollaro (m) | доллар | dollar |
| euro (m) | евро | evro |

lira (f)	италиялык лира	italijalık lira
marco (m)	немис маркасы	nemis markası
franco (m)	франк	frank
sterlina (f)	фунт стерлинг	funt sterling
yen (m)	йена	jena

debito (m)	карыз	karız
debitore (m)	карыздар	karızdar
prestare (~ i soldi)	карызга берүү	karızga beryy
prendere in prestito	карызга алуу	karızga aluu

banca (f)	банк	bank
conto (m)	эсеп	esep
versare (vt)	салуу	saluu
versare sul conto	эсепке акча салуу	esepke aktʃa saluu
prelevare dal conto	эсептен акча чыгаруу	esepten aktʃa tʃıgaruu

carta (f) di credito	насыя картасы	nasıja kartası
contanti (m pl)	накталай акча	naktalaj aktʃa
assegno (m)	чек	tʃek
emettere un assegno	чек жазып берүү	tʃek dʒazıp beryy
libretto (m) di assegni	чек китепчеси	tʃek kiteptʃesi

portafoglio (m)	намыян	namıjan
borsellino (m)	капчык	kaptʃık
cassaforte (f)	сейф	sejf

erede (m)	мураскер	murasker
eredità (f)	мурас	muras
fortuna (f)	мүлк	mylk

affitto (m), locazione (f)	ижара	idʒara
canone (m) d'affitto	батир акысы	batir akısı
affittare (dare in affitto)	батирге алуу	batirge aluu

prezzo (m)	баа	baa
costo (m)	баа	baa
somma (f)	сумма	summa

spendere (vt)	коротуу	korotuu
spese (f pl)	чыгым	tʃɩgɩm
economizzare (vi, vt)	үнөмдөө	ynømdøø
economico (agg)	сарамжал	saramdʒal
pagare (vi, vt)	төлөө	tøløø
pagamento (m)	акы төлөө	akɩ tøløø
resto (m) (dare il ~)	кайтарылган майда акча	kajtarɩlgan majda aktʃa
imposta (f)	салык	salɩk
multa (f), ammenda (f)	айып	ajɩp
multare (vt)	айып пул салуу	ajɩp pul saluu

81. Posta. Servizio postale

ufficio (m) postale	почта	potʃta
posta (f) (lettere, ecc.)	почта	potʃta
postino (m)	кат ташуучу	kat taʃuutʃu
orario (m) di apertura	иш сааттары	iʃ saattarɩ
lettera (f)	кат	kat
raccomandata (f)	тапшырык кат	tapʃɩrɩk kat
cartolina (f)	открытка	otkrɩtka
telegramma (m)	телеграмма	telegramma
pacco (m) postale	посылка	posɩlka
vaglia (m) postale	акча которуу	aktʃa kotoruu
ricevere (vt)	алуу	aluu
spedire (vt)	жөнөтүү	dʒønøtyy
invio (m)	жөнөтүү	dʒønøtyy
indirizzo (m)	дарек	darek
codice (m) postale	индекс	indeks
mittente (m)	жөнөтүүчү	dʒønøtyytʃy
destinatario (m)	алуучу	aluutʃu
nome (m)	аты	atɩ
cognome (m)	фамилиясы	familijasɩ
tariffa (f)	тариф	tarif
ordinario (agg)	жөнөкөй	dʒønøkøj
standard (agg)	үнөмдүү	ynømdyy
peso (m)	салмак	salmak
pesare (vt)	таразалоо	tarazaloo
busta (f)	конверт	konvert
francobollo (m)	марка	marka
affrancare (vt)	марка жабыштыруу	marka dʒabɩʃtɩruu

Abitazione. Casa

82. Casa. Abitazione

casa (f)	үй	yj
a casa	үйүндө	yjyndø
cortile (m)	эшик	eʃik
recinto (m)	тосмо	tosmo
mattone (m)	кыш	kɪʃ
di mattoni	кыштан	kɪʃtan
pietra (f)	таш	taʃ
di pietra	таш	taʃ
beton (m)	бетон	beton
di beton	бетон	beton
nuovo (agg)	жаңы	dʒaŋɪ
vecchio (agg)	эски	eski
fatiscente (edificio ~)	эскирген	eskirgen
moderno (agg)	заманбап	zamanbap
a molti piani	көп кабаттуу	køp kabattuu
alto (agg)	бийик	bijik
piano (m)	кабат	kabat
di un piano	бир кабаттуу	bir kabat
pianoterra (m)	ылдыйкы этаж	ɪldɪjkɪ etadʒ
ultimo piano (m)	үстүнкү этаж	ystyŋky etadʒ
tetto (m)	чатыр	tʃatɪr
ciminiera (f)	мор	mor
tegola (f)	чатыр карапа	tʃatɪr karapa
di tegole	карапалуу	karapaluu
soffitta (f)	чердак	tʃerdak
finestra (f)	терезе	tereze
vetro (m)	айнек	ajnek
davanzale (m)	текче	tektʃe
imposte (f pl)	терезе жапкычы	tereze dʒapkɪtʃɪ
muro (m)	дубал	dubal
balcone (m)	балкон	balkon
tubo (m) pluviale	суу аккан түтүк	suu akkan tytyk
su, di sopra	өйдө	øjdø
andare di sopra	көтөрүлүү	køtørylyy
scendere (vi)	ылдый түшүү	ɪldɪj tyʃyy
trasferirsi (vr)	көчүү	køtʃyy

83. Casa. Ingresso. Ascensore

entrata (f)	подъезд	podʰjezd
scala (f)	тепкич	tepkitʃ
gradini (m pl)	тепкичтер	tepkitʃter
ringhiera (f)	тосмо	tosmo
hall (f) (atrio d'ingresso)	холл	χoll
cassetta (f) della posta	почта ящиги	potʃta jaʃtʃigi
secchio (m) della spazzatura	таштанды челеги	taʃtandı tʃelegi
scivolo (m) per la spazzatura	таштанды түтүгү	taʃtandı tytygy
ascensore (m)	лифт	lift
montacarichi (m)	жүк ташуучу лифт	dʒyk taʃuutʃu lift
cabina (f) di ascensore	кабина	kabina
prendere l'ascensore	лифтке түшүү	liftke tyʃyy
appartamento (m)	батир	batir
inquilini (m pl)	жашоочулар	dʒaʃootʃular
vicino (m)	кошуна	koʃuna
vicina (f)	кошуна	koʃuna
vicini (m pl)	кошуналар	koʃunalar

84. Casa. Porte. Serrature

porta (f)	эшик	eʃik
cancello (m)	дарбаза	darbaza
maniglia (f)	тутка	tutka
togliere il catenaccio	кулпусун ачуу	kulpusun atʃuu
aprire (vt)	ачуу	atʃuu
chiudere (vt)	жабуу	dʒabuu
chiave (f)	ачкыч	atʃkıtʃ
mazzo (m)	ачкычтар тизмеси	atʃkıtʃtar tizmesi
cigolare (vi)	кычыратуу	kıtʃıratuu
cigolio (m)	чыйкылдоо	tʃıjkıldoo
cardine (m)	петля	petlʲa
zerbino (m)	килемче	kilemtʃe
serratura (f)	кулпу	kulpu
buco (m) della serratura	кулпу тешиги	kulpu teʃigi
chiavistello (m)	бекитме	bekitme
catenaccio (m)	тээк	teek
lucchetto (m)	асма кулпу	asma kulpu
suonare (~ il campanello)	чалуу	tʃaluu
suono (m)	шыңыраш	ʃıŋıraʃ
campanello (m)	конгуроо	konguroo
pulsante (m)	конгуроо баскычы	konguroo baskıtʃı
bussata (f)	такылдатуу	takıldatuu
bussare (vi)	такылдатуу	takıldatuu

codice (m)	код	kod
serratura (f) a codice	код кулпусу	kod kulpusu
citofono (m)	домофон	domofon
numero (m) (~ civico)	номер	nomer
targhetta (f) di porta	тактача	taktatʃa
spioncino (m)	көзче	køztʃø

85. Casa di campagna

villaggio (m)	кыштак	kıʃtak
orto (m)	чарбак	tʃarbak
recinto (m)	тосмо	tosmo
steccato (m)	кашаа	kaʃaa
cancelletto (m)	каалга	kaalga
granaio (m)	кампа	kampa
cantina (f), scantinato (m)	short	oroo
	short	
cantina (f), scantinato (m)	ороо	oroo
capanno (m)	сарай	saraj
pozzo (m)	кудук	kuduk
stufa (f)	меш	meʃ
attizzare (vt)	меш жагуу	meʃ dʒaguu
legna (f) da ardere	отун	otun
ciocco (m)	бир кертим жыгач	bir kertim dʒıgatʃ
veranda (f)	веранда	veranda
terrazza (f)	терасса	terassa
scala (f) d'ingresso	босого	bosogo
altalena (f)	селкинчек	selkintʃek

86. Castello. Reggia

castello (m)	сепил	sepil
palazzo (m)	сарай	saraj
fortezza (f)	чеп	tʃep
muro (m)	дубал	dubal
torre (f)	мунара	munara
torre (f) principale	баш мунара	baʃ munara
saracinesca (f)	көтөрүлүүчү дарбаза	køtørylyytʃy darbaza
tunnel (m)	жер астындагы жол	dʒer astındagı dʒol
fossato (m)	сепил аңгеги	sepil aŋgegi
catena (f)	чынжыр	tʃındʒır
feritoia (f)	атуучу тешик	atuutʃu teʃik
magnifico (agg)	сонун	sonun
maestoso (agg)	даңазалуу	daŋazaluu
inespugnabile (agg)	бекем чеп	bekem tʃep
medievale (agg)	орто кылымдык	orto kılımdık

87. Appartamento

appartamento (m)	батир	batir
camera (f), stanza (f)	бөлмө	bølmø
camera (f) da letto	уктоочу бөлмө	uktooʧu bølmø
sala (f) da pranzo	ашкана	aʃkana
salotto (m)	конок үйү	konok yjy
studio (m)	иш бөлмөсү	iʃ bølmøsy
ingresso (m)	кире бериш	kire beriʃ
bagno (m)	ванная	vannaja
gabinetto (m)	даараткана	daaratkana
soffitto (m)	шып	ʃıp
pavimento (m)	пол	pol
angolo (m)	бурч	burʧ

88. Appartamento. Pulizie

pulire (vt)	жыйноо	dʒıjnoo
mettere via	жыйноо	dʒıjnoo
polvere (f)	чаң	ʧaŋ
impolverato (agg)	чаң баскан	ʧaŋ baskan
spolverare (vt)	чаң сүртүү	ʧaŋ syrtyy
aspirapolvere (m)	чаң соргуч	ʧaŋ sorguʧ
passare l'aspirapolvere	чаң сордуруу	ʧaŋ sorduruu
spazzare (vi, vt)	шыпыруу	ʃıpıruu
spazzatura (f)	шыпырынды	ʃıpırındı
ordine (m)	иреттелген	irettelgen
disordine (m)	чачылган	ʧaʧılgan
frettazzo (m)	швабра	ʃvabra
strofinaccio (m)	чүпүрөк	ʧypyrøk
scopa (f)	шыпыргы	ʃıpırgı
paletta (f)	калак	kalak

89. Arredamento. Interno

mobili (m pl)	эмерек	emerek
tavolo (m)	стол	stol
sedia (f)	стул	stul
letto (m)	керебет	kerebet
divano (m)	диван	divan
poltrona (f)	олпок отургуч	olpok oturguʧ
libreria (f)	китеп шкафы	kitep ʃkafı
ripiano (m)	текче	tektʃe
armadio (m)	шкаф	ʃkaf
attaccapanni (m) da parete	кийим илгич	kijim ilgiʧ

appendiabiti (m) da terra	кийим илгич	kijim ilgitʃ
comò (m)	комод	komod
tavolino (m) da salotto	журнал столу	dʒurnal stolu

specchio (m)	күзгү	kyzgy
tappeto (m)	килем	kilem
tappetino (m)	килемче	kilemtʃe

camino (m)	очок	otʃok
candela (f)	шам	ʃam
candeliere (m)	шамдал	ʃamdal

tende (f pl)	парда	parda
carta (f) da parati	туш кагаз	tuʃ kagaz
tende (f pl) alla veneziana	жалюзи	dʒaldʒuzi

lampada (f) da tavolo	стол чырагы	stol tʃɪragɪ
lampada (f) da parete	чырак	tʃɪrak
lampada (f) a stelo	торшер	torʃer
lampadario (m)	асма шам	asma ʃam

gamba (f)	бут	but
bracciolo (m)	чыканак такооч	tʃɪkanak takootʃ
spalliera (f)	жөлөнгүч	dʒøløngytʃ
cassetto (m)	суурма	suurma

90. Biancheria da letto

biancheria (f) da letto	шейшеп	ʃejʃep
cuscino (m)	жаздык	dʒazdɪk
federa (f)	жаздык кап	dʒazdɪk kap
coperta (f)	жууркан	dʒuurkan
lenzuolo (m)	шейшеп	ʃejʃep
copriletto (m)	жапкыч	dʒapkɪtʃ

91. Cucina

cucina (f)	ашкана	aʃkana
gas (m)	газ	gaz
fornello (m) a gas	газ плитасы	gaz plitasɪ
fornello (m) elettrico	электр плитасы	elektr plitasɪ
forno (m)	духовка	duxovka
forno (m) a microonde	микротолкун меши	mikrotolkun meʃi

frigorifero (m)	муздаткыч	muzdatkɪtʃ
congelatore (m)	тоңдургуч	toŋdurgutʃ
lavastoviglie (f)	идиш жуучу машина	idiʃ dʒuutʃu maʃina

tritacarne (m)	эт туурагыч	et tuuragɪtʃ
spremifrutta (m)	шире сыккыч	ʃire sɪkkɪtʃ
tostapane (m)	тостер	toster
mixer (m)	миксер	mikser

macchina (f) da caffè	кофе кайнаткыч	kofe kajnatkıtʃ
caffettiera (f)	кофе кайнатуучу идиш	kofe kajnatuutʃu idiʃ
macinacaffè (m)	кофе майдалагыч	kofe majdalagıtʃ
bollitore (m)	чайнек	tʃajnek
teiera (f)	чайнек	tʃajnek
coperchio (m)	капкак	kapkak
colino (m) da tè	чыпка	tʃıpka
cucchiaio (m)	кашык	kaʃık
cucchiaino (m) da tè	чай кашык	tʃaj kaʃık
cucchiaio (m)	аш кашык	aʃ kaʃık
forchetta (f)	вилка	vilka
coltello (m)	бычак	bıtʃak
stoviglie (f pl)	идиш-аяк	idiʃ-ajak
piatto (m)	табак	tabak
piattino (m)	табак	tabak
cicchetto (m)	рюмка	rumka
bicchiere (m) (~ d'acqua)	ыстакан	ıstakan
tazzina (f)	чөйчөк	tʃøjtʃøk
zuccheriera (f)	кум шекер салгыч	kum ʃeker salgıtʃ
saliera (f)	туз салгыч	tuz salgıtʃ
pepiera (f)	мурч салгыч	murtʃ salgıtʃ
burriera (f)	май салгыч	maj salgıtʃ
pentola (f)	мискей	miskej
padella (f)	табак	tabak
mestolo (m)	чөмүч	tʃømytʃ
colapasta (m)	депкир	depkir
vassoio (m)	батыныс	batınıs
bottiglia (f)	бөтөлкө	bøtølkø
barattolo (m) di vetro	банка	banka
latta, lattina (f)	банка	banka
apribottiglie (m)	ачкыч	atʃkıtʃ
apriscatole (m)	ачкыч	atʃkıtʃ
cavatappi (m)	штопор	ʃtopor
filtro (m)	чыпка	tʃıpka
filtrare (vt)	чыпкалоо	tʃıpkaloo
spazzatura (f)	таштанды	taʃtandı
pattumiera (f)	таштанды чака	taʃtandı tʃaka

92. Bagno

bagno (m)	ванная	vannaja
acqua (f)	суу	suu
rubinetto (m)	чорго	tʃorgo
acqua (f) calda	ысык суу	ısık suu
acqua (f) fredda	муздак суу	muzdak suu

dentifricio (m)	тиш пастасы	tiʃ pastası
lavarsi i denti	тиш жуу	tiʃ dʒuu
spazzolino (m) da denti	тиш щёткасы	tiʃ ʃtʃotkası
rasarsi (vr)	кырынуу	kırınuu
schiuma (f) da barba	кырынуу үчүн көбүк	kırınuu ytʃyn købyk
rasoio (m)	устара	ustara
lavare (vt)	жуу	dʒuu
fare un bagno	жуунуу	dʒuunuu
doccia (f)	душ	duʃ
fare una doccia	душка түшүү	duʃka tyʃyy
vasca (f) da bagno	ванна	vanna
water (m)	унитаз	unitaz
lavandino (m)	раковина	rakovina
sapone (m)	самын	samın
porta (m) sapone	самын салгыч	samın salgıtʃ
spugna (f)	губка	gubka
shampoo (m)	шампунь	ʃampunʲ
asciugamano (m)	сүлгү	sylgy
accappatoio (m)	халат	χalat
bucato (m)	кир жуу	kir dʒuu
lavatrice (f)	кир жуучу машина	kir dʒuutʃu maʃina
fare il bucato	кир жуу	kir dʒuu
detersivo (m) per il bucato	кир жуучу порошок	kir dʒuutʃu poroʃok

93. Elettrodomestici

televisore (m)	сыналгы	sınalgı
registratore (m) a nastro	магнитофон	magnitofon
videoregistratore (m)	видеомагнитофон	videomagnitofon
radio (f)	үналгы	ynalgı
lettore (m)	плеер	pleer
videoproiettore (m)	видеопроектор	videoproektor
home cinema (m)	үй кинотеатры	yj kinoteatrı
lettore (m) DVD	DVD ойноткуч	dividi ojnotkutʃ
amplificatore (m)	күчөткүч	kytʃøtkytʃ
console (f) video giochi	оюн приставкасы	ojun pristavkası
videocamera (f)	видеокамера	videokamera
macchina (f) fotografica	фотоаппарат	fotoapparat
fotocamera (f) digitale	санарип камерасы	sanarip kamerası
aspirapolvere (m)	чаң соргуч	tʃaŋ sorgutʃ
ferro (m) da stiro	үтүк	ytyk
asse (f) da stiro	үтүктөөчү тактай	ytyktøøtʃy taktaj
telefono (m)	телефон	telefon
telefonino (m)	мобилдик	mobildik

| macchina (f) da scrivere | машинка | maʃinka |
| macchina (f) da cucire | кийим тигүүчү машинка | kijim tigyytʃy maʃinka |

microfono (m)	микрофон	mikrofon
cuffia (f)	кулакчын	kulaktʃin
telecomando (m)	пульт	pulʲt

CD (m)	CD, компакт-диск	sidi, kompakt-disk
cassetta (f)	кассета	kasseta
disco (m) (vinile)	пластинка	plastinka

94. Riparazioni. Restauro

lavori (m pl) di restauro	ремонт	remont
rinnovare (ridecorare)	ремонт жасоо	remont dʒasoo
riparare (vt)	оңдоо	oŋdoo
mettere in ordine	иретке келтирүү	iretke keltiryy
rifare (vt)	кайра жасатуу	kajra dʒasatuu

pittura (f)	сыр	sır
pitturare (~ un muro)	боео	boeo
imbianchino (m)	боекчу	boektʃu
pennello (m)	кисть	kistʲ

| imbiancatura (f) | акиташ | akitaʃ |
| imbiancare (vt) | актоо | aktoo |

carta (f) da parati	туш кагаз	tuʃ kagaz
tappezzare (vt)	туш кагаз менен чаптоо	tuʃ kagaz menen tʃaptoo
vernice (f)	лак	lak
verniciare (vt)	лак менен жабуу	lak menen dʒabuu

95. Impianto idraulico

acqua (f)	суу	suu
acqua (f) calda	ысык суу	ısık suu
acqua (f) fredda	муздак суу	muzdak suu
rubinetto (m)	чорго	tʃorgo

goccia (f)	тамчы	tamtʃı
gocciolare (vi)	тамчылоо	tamtʃıloo
perdere (il tubo, ecc.)	агуу	aguu
perdita (f) (~ dai tubi)	суу өтүү	suu øtyy
pozza (f)	көлчүк	køltʃyk

tubo (m)	түтүк	tytyk
valvola (f)	чорго	tʃorgo
intasarsi (vr)	тыгылуу	tıgıluu

strumenti (m pl)	аспаптар	aspaptar
chiave (f) inglese	бурама ачкыч	burama atʃkıtʃ
svitare (vt)	бурап чыгаруу	burap tʃıgaruu

avvitare (stringere)	бурап бекитүү	burap bekityy
stasare (vt)	тазалоо	tazaloo
idraulico (m)	сантехник	santeχnik
seminterrato (m)	жер асты	dʒer astı
fognatura (f)	канализация	kanalizatsija

96. Incendio. Conflagrazione

fuoco (m)	өрт	ørt
fiamma (f)	жалын	dʒalın
scintilla (f)	учкун	utʃkun
fumo (m)	түтүн	tytyn
fiaccola (f)	шамана	ʃamana
falò (m)	от	ot

benzina (f)	күйүүчү май	kyjyytʃy may
cherosene (m)	керосин	kerosin
combustibile (agg)	күйүүчү	kyjyytʃy
esplosivo (agg)	жарылуу коркунучу	dʒarıluu korkunutʃu
VIETATO FUMARE!	ТАМЕКИ ЧЕГҮҮГӨ БОЛБОЙТ!	tameki tʃegyygø bolbojt!

sicurezza (f)	коопсуз	koopsuz
pericolo (m)	коркунуч	korkunutʃ
pericoloso (agg)	кооптуу	kooptuu

prendere fuoco	от алуу	ot aluu
esplosione (f)	жарылуу	dʒarıluu
incendiare (vt)	өрттөө	ørttøø
incendiario (m)	өрттөөчү	ørttøøtʃy
incendio (m) doloso	өрттөө	ørttøø

divampare (vi)	жалындап күйүү	dʒalındap kyjyy
bruciare (vi)	күйүү	kyjyy
bruciarsi (vr)	күйүп кетүү	kyjyp ketyy

chiamare i pompieri	өрт өчүргүчтөрдү чакыруу	ørt øtʃyrgytʃtørdy tʃakıruu
pompiere (m)	өрт өчүргүч	ørt øtʃyrgytʃ
autopompa (f)	өрт өчүрүүчү машина	ørt øtʃyryytʃy maʃina
corpo (m) dei pompieri	өрт өчүрүү командасы	ørt øtʃyryy komandası
autoscala (f) da pompieri	өрт өчүрүүчү шаты	ørt øtʃyryytʃy ʃatı

manichetta (f)	шланг	ʃlang
estintore (m)	өрт өчүргүч	ørt øtʃyrgytʃ
casco (m)	каска	kaska
sirena (f)	сирена	sirena

gridare (vi)	айгай салуу	ajgaj saluu
chiamare in aiuto	жардамга чакыруу	dʒardamga tʃakıruu
soccorritore (m)	куткаруучу	kutkaruutʃu
salvare (vt)	куткаруу	kutkaruu
arrivare (vi)	келүү	kelyy
spegnere (vt)	өчүрүү	øtʃyryy

| acqua (f) | суу | suu |
| sabbia (f) | кум | kum |

rovine (f pl)	уранды	urandı
crollare (edificio)	уроо	uroo
cadere (vi)	кулоо	kuloo
collassare (vi)	урап тушүү	urap tuʃyy

| frammento (m) | сынык | sınık |
| cenere (f) | күл | kyl |

| asfissiare (vi) | тумчугуу | tumʧuguu |
| morire, perire (vi) | өлүү | ølyy |

ATTIVITÀ UMANA

Lavoro. Affari. Parte 1

97. Attività bancaria

banca (f)	банк	bank
filiale (f)	бөлүм	bølym
consulente (m)	кеңешчи	keŋeʃtʃi
direttore (m)	башкаруучу	baʃkaruutʃu
conto (m) bancario	эсеп	esep
numero (m) del conto	эсеп номери	esep nomeri
conto (m) corrente	учурдагы эсеп	utʃurdagı esep
conto (m) di risparmio	топтолмо эсеп	toptolmo esep
aprire un conto	эсеп ачуу	esep atʃuu
chiudere il conto	эсеп жабуу	esep dʒabuu
versare sul conto	эсепке акча салуу	esepke aktʃa saluu
prelevare dal conto	эсептен акча чыгаруу	esepten aktʃa tʃıgaruu
deposito (m)	аманат	amanat
depositare (vt)	аманат кылуу	amanat kıluu
trasferimento (m) telegrafico	акча которуу	aktʃa kotoruu
rimettere i soldi	акча которуу	aktʃa kotoruu
somma (f)	сумма	summa
Quanto?	Канча?	kantʃa?
firma (f)	кол тамга	kol tamga
firmare (vt)	кол коюу	kol kojuu
carta (f) di credito	насыя картасы	nasıja kartası
codice (m)	код	kod
numero (m) della carta di credito	насыя картанын номери	nasıja kartanın nomeri
bancomat (m)	банкомат	bankomat
assegno (m)	чек	tʃek
emettere un assegno	чек жазып берүү	tʃek dʒazıp beryy
libretto (m) di assegni	чек китепчеси	tʃek kiteptʃesi
prestito (m)	насыя	nasıja
fare domanda per un prestito	насыя үчүн кайрылуу	nasıja ytʃyn kajrıluu
ottenere un prestito	насыя алуу	nasıja aluu
concedere un prestito	насыя берүү	nasıja beryy
garanzia (f)	кепилдик	kepildik

98. Telefono. Conversazione telefonica

telefono (m)	телефон	telefon
telefonino (m)	мобилдик	mobildik
segreteria (f) telefonica	автоматтык жооп берүүчү	avtomattık dʒoop beryytʃy
telefonare (vi, vt)	чалуу	tʃaluu
chiamata (f)	чакыруу	tʃakıruu
comporre un numero	номер терүү	nomer teryy
Pronto!	Алло!	allo!
chiedere (domandare)	суроо	suroo
rispondere (vi, vt)	жооп берүү	dʒoop beryy
udire (vt)	угуу	uguu
bene	жакшы	dʒakʃı
male	жаман	dʒaman
disturbi (m pl)	ызы-чуу	ızı-tʃuu
cornetta (f)	трубка	trubka
alzare la cornetta	трубканы алуу	trubkanı aluu
riattaccare la cornetta	трубканы коюу	trubkanı kojʉu
occupato (agg)	бош эмес	boʃ emes
squillare (del telefono)	шыңгыроо	ʃıŋgıroo
elenco (m) telefonico	телефондук китепче	telefonduk kiteptʃe
locale (agg)	жергиликтүү	dʒergiliktyy
telefonata (f) urbana	жергиликтүү чакыруу	dʒergiliktyy tʃakıruu
interurbano (agg)	шаар аралык	ʃaar aralık
telefonata (f) interurbana	шаар аралык чакыруу	ʃaar aralık tʃakıruu
internazionale (agg)	эл аралык	el aralık
telefonata (f) internazionale	эл аралык чакыруу	el aralık tʃakıruu

99. Telefono cellulare

telefonino (m)	мобилдик	mobildik
schermo (m)	дисплей	displej
tasto (m)	баскыч	baskıtʃ
scheda SIM (f)	SIM-карта	sim-karta
pila (f)	батарея	batareja
essere scarico	зарядканын түгөнүүсү	zarʲadkanın tygɵnyysy
caricabatteria (m)	заряддоочу шайман	zarʲaddootʃu ʃajman
menù (m)	меню	menʉ
impostazioni (f pl)	орнотуулар	ornotuular
melodia (f)	обон	obon
scegliere (vt)	тандоо	tandoo
calcolatrice (f)	калькулятор	kalʲkulʲator
segreteria (f) telefonica	автоматтык жооп бергич	avtomattık dʒoop bergitʃ
sveglia (f)	ойготкуч	ojgotkutʃ

contatti (m pl)   байланыштар   bajlanıʃtar
messaggio (m) SMS   SMS-кабар   esemes-kabar
abbonato (m)   абонент   abonent

100. Articoli di cancelleria

penna (f) a sfera   калем сап   kalem sap
penna (f) stilografica   калем уч   kalem utʃ

matita (f)   карандаш   karandaʃ
evidenziatore (m)   маркер   marker
pennarello (m)   фломастер   flomaster

taccuino (m)   дептерче   depterʧe
agenda (f)   күндөлүк   kyndølyk

righello (m)   сызгыч   sızgıʧ
calcolatrice (f)   калькулятор   kalʲkulʲator
gomma (f) per cancellare өчүргүч   øʧyrgyʧ
puntina (f)   кнопка   knopka
graffetta (f)   кыскыч   kıskıʧ

colla (f)   желим   dʒelim
pinzatrice (f)   степлер   stepler
perforatrice (f)   тешкич   teʃkiʧ
temperamatite (m)   учтагыч   uʧtagıʧ

Lavoro. Affari. Parte 2

101. Mezzi di comunicazione di massa

giornale (m)	гезит	gezit
rivista (f)	журнал	dʒurnal
stampa (f) (giornali, ecc.)	пресса	pressa
radio (f)	үналгы	ynalgı
stazione (f) radio	радио толкуну	radio tolkunu
televisione (f)	телекөрсөтүү	telekørsøtyy
presentatore (m)	алып баруучу	alıp baruutʃu
annunciatore (m)	диктор	diktor
commentatore (m)	баяндамачы	bajandamatʃı
giornalista (m)	журналист	dʒurnalist
corrispondente (m)	кабарчы	kabartʃı
fotocronista (m)	фотокорреспондент	fotokorrespondent
cronista (m)	репортёр	reportʲor
redattore (m)	редактор	redaktor
redattore capo (m)	башкы редактор	baʃkı redaktor
abbonarsi a ...	жазылуу	dʒazıluu
abbonamento (m)	жазылуу	dʒazıluu
abbonato (m)	жазылуучу	dʒazıluutʃu
leggere (vi, vt)	окуу	okuu
lettore (m)	окурман	okurman
tiratura (f)	нуска	nuska
mensile (agg)	ай сайын	aj sajın
settimanale (agg)	жума сайын	dʒuma sajın
numero (m)	номер	nomer
fresco (agg)	жаңы	dʒaŋı
testata (f)	баш аты	baʃ atı
trafiletto (m)	кыскача макала	kıskatʃa makala
rubrica (f)	рубрика	rubrika
articolo (m)	макала	makala
pagina (f)	бет	bet
servizio (m), reportage (m)	репортаж	reportadʒ
evento (m)	окуя	okuja
sensazione (f)	дүң салуу	dyŋ saluu
scandalo (m)	жаңжал	dʒaŋdʒal
scandaloso (agg)	жаңжалчы	dʒaŋdʒaltʃı
enorme (un ~ scandalo)	чуулгандуу	tʃuulganduu
trasmissione (f)	көрсөтүү	kørsøtyy
intervista (f)	интервью	intervjʉ

trasmissione (f) in diretta	түз берүү	tyz beryy
canale (m)	канал	kanal

102. Agricoltura

agricoltura (f)	дыйкан чарбачылык	dıjkan ʧarbatʃılık
contadino (m)	дыйкан	dıjkan
contadina (f)	дыйкан аял	dıjkan ajal
fattore (m)	фермер	fermer

trattore (m)	трактор	traktor
mietitrebbia (f)	комбайн	kombajn

aratro (m)	соко	soko
arare (vt)	жер айдоо	dʒer ajdoo
terreno (m) coltivato	айдоо жер	ajdoo dʒer
solco (m)	жөөк	dʒøøk

seminare (vt)	себүү	sebyy
seminatrice (f)	сеялка	sejalka
semina (f)	эгүү	egyy

falce (f)	чалгы	ʧalgı
falciare (vt)	чабуу	ʧabuu

pala (f)	күрөк	kyrøk
scavare (vt)	казуу	kazuu

zappa (f)	кетмен	ketmen
zappare (vt)	отоо	otoo
erbaccia (f)	отоо чөп	otoo ʧøp

innaffiatoio (m)	гүл челек	gyl ʧelek
innaffiare (vt)	сугаруу	sugaruu
innaffiamento (m)	сугат	sugat

forca (f)	айры	ajrı
rastrello (m)	тырмоо	tırmoo

concime (m)	жер семирткич	dʒer semirtkitʃ
concimare (vt)	жер семиртүү	dʒer semirtyy
letame (m)	кык	kık

campo (m)	талаа	talaa
prato (m)	шалбаа	ʃalbaa
orto (m)	чарбак	ʧarbak
frutteto (m)	бакча	baktʃa

pascolare (vt)	жаюу	dʒadʒu
pastore (m)	чабан	ʧaban
pascolo (m)	жайыт	dʒajıt

allevamento (m) di bestiame	мал чарбачылык	mal ʧarbatʃılık
allevamento (m) di pecore	кой чарбачылык	koj ʧarbatʃılık

piantagione (f)	плантация	plantatsija
filare (m) (un ~ di alberi)	жөөк	dʒøøk
serra (f) da orto	күнөскана	kynøskana

| siccità (f) | кургакчылык | kurgaktʃılık |
| secco, arido (un'estate ~a) | кургак | kurgak |

grano (m)	дан эгиндери	dan eginderi
cereali (m pl)	дан эгиндери	dan eginderi
raccogliere (vt)	чаап алуу	tʃaap aluu

mugnaio (m)	тегирменчи	tegirmentʃi
mulino (m)	тегирмен	tegirmen
macinare (~ il grano)	майдалоо	majdaloo
farina (f)	ун	un
paglia (f)	саман	saman

103. Edificio. Attività di costruzione

cantiere (m) edile	курулуш	kuruluʃ
costruire (vt)	куруу	kuruu
operaio (m) edile	куруучу	kuruutʃu

progetto (m)	долбоор	dolboor
architetto (m)	архитектор	arχitektor
operaio (m)	жумушчу	dʒumuʃtʃu

fondamenta (f pl)	пайдубал	pajdubal
tetto (m)	чатыр	tʃatır
palo (m) di fondazione	казык	kazık
muro (m)	дубал	dubal

| barre (f pl) di rinforzo | арматура | armatura |
| impalcatura (f) | куруучу тепкичтер | kuruutʃu tepkitʃter |

beton (m)	бетон	beton
granito (m)	гранит	granit
pietra (f)	таш	taʃ
mattone (m)	кыш	kıʃ

sabbia (f)	кум	kum
cemento (m)	цемент	tsement
intonaco (m)	шыбак	ʃibak
intonacare (vt)	шыбоо	ʃiboo

pittura (f)	сыр	sır
pitturare (vt)	боео	boeo
botte (f)	бочка	botʃka

gru (f)	кран	kran
sollevare (vt)	көтөрүү	køtøryy
abbassare (vt)	түшүрүү	tyʃyryy
bulldozer (m)	бульдозер	bulʲdozer
scavatrice (f)	экскаватор	ekskavator

cucchiaia (f)	**ковш**	kovʃ
scavare (vt)	**казуу**	kazuu
casco (m) (~ di sicurezza)	**каска**	kaska

Professioni e occupazioni

104. Ricerca di un lavoro. Licenziamento

lavoro (m)	иш	iʃ
organico (m)	жамаат	dʒamaat
personale (m)	жамаат курамы	dʒamaat kuramı
carriera (f)	мансап	mansap
prospettiva (f)	перспектива	perspektiva
abilità (f pl)	чеберчилик	tʃebertʃilik
selezione (f) (~ del personale)	тандоо	tandoo
agenzia (f) di collocamento	кадрдык агенттиги	kadrdık agenttigi
curriculum vitae (f)	таржымал	tardʒımal
colloquio (m)	аӊгемелешүү	aŋgemeleʃyy
posto (m) vacante	жумуш орун	dʒumuʃ orun
salario (m)	эмгек акы	emgek akı
stipendio (m) fisso	маяна	majana
compenso (m)	акысын төлөө	akısın tøløø
carica (f), funzione (f)	кызмат орун	kızmat orun
mansione (f)	милдет	mildet
mansioni (f pl) di lavoro	милдеттенмелер	mildettenmeler
occupato (agg)	бош эмес	boʃ emes
licenziare (vt)	бошотуу	boʃotuu
licenziamento (m)	бошотуу	boʃotuu
disoccupazione (f)	жумушсуздук	dʒumuʃsuzduk
disoccupato (m)	жумушсуз	dʒumuʃsuz
pensionamento (m)	бааракы	baarakı
andare in pensione	ардактуу эс алууга чыгуу	ardaktuu es aluuga tʃıguu

105. Gente d'affari

direttore (m)	директор	direktor
dirigente (m)	башкаруучу	baʃkaruutʃu
capo (m)	башкаруучу	baʃkaruutʃu
superiore (m)	башчы	baʃtʃı
capi (m pl)	башчылар	baʃtʃılar
presidente (m)	президент	prezident
presidente (m) (impresa)	төрага	tøraga
vice (m)	орун басар	orun basar
assistente (m)	жардамчы	dʒardamtʃı

segretario (m)	катчы	kattʃı
assistente (m) personale	жеке катчы	dʒeke kattʃı
uomo (m) d'affari	бизнесмен	biznesmen
imprenditore (m)	ишкер	iʃker
fondatore (m)	негиздөөчү	negizdøøtʃy
fondare (vt)	негиздөө	negizdøø
socio (m)	уюмдаштыруучу	ujʉmdaʃtıruutʃu
partner (m)	өнөктөш	ønøktøʃ
azionista (m)	акция кармоочу	aktsija karmootʃu
milionario (m)	миллионер	millioner
miliardario (m)	миллиардер	milliarder
proprietario (m)	ээси	eesi
latifondista (m)	жер ээси	dʒer eesi
cliente (m) (di professionista)	кардар	kardar
cliente (m) abituale	туруктуу кардар	turuktuu kardar
compratore (m)	сатып алуучу	satıp aluutʃu
visitatore (m)	келүүчү	kelyytʃy
professionista (m)	кесипкөй	kesipkøj
esperto (m)	ишбилги	iʃbilgi
specialista (m)	адис	adis
banchiere (m)	банкир	bankir
broker (m)	далдалчы	daldaltʃı
cassiere (m)	кассир	kassir
contabile (m)	бухгалтер	buxgalter
guardia (f) giurata	кароолчу	karooltʃu
investitore (m)	салым кошуучу	salım koʃuutʃu
debitore (m)	карыздар	karızdar
creditore (m)	насыя алуучу	nasija aluutʃu
mutuatario (m)	карызга алуучу	karızga aluutʃu
importatore (m)	импорттоочу	importtootʃu
esportatore (m)	экспорттоочу	eksporttootʃu
produttore (m)	өндүрүүчү	øndyryytʃy
distributore (m)	дистрибьютор	distribjutor
intermediario (m)	ортомчу	ortomtʃu
consulente (m)	кеңешчи	keŋeʃtʃi
rappresentante (m)	сатуу агенти	satuu agenti
agente (m)	агент	agent
assicuratore (m)	камсыздандыруучу агент	kamsızdandıruutʃu agent

106. Professioni amministrative

cuoco (m)	ашпозчу	aʃpoztʃu
capocuoco (m)	башкы ашпозчу	baʃkı aʃpoztʃu

fornaio (m)	навайчы	navajtʃı
barista (m)	бармен	barmen
cameriere (m)	официант	ofitsiant
cameriera (f)	официант кыз	ofitsiant kız
avvocato (m)	жактоочу	dʒaktootʃu
esperto (m) legale	юрист	jurist
notaio (m)	нотариус	notarius
elettricista (m)	электрик	elektrik
idraulico (m)	сантехник	santeχnik
falegname (m)	жыгач уста	dʒıgatʃ usta
massaggiatore (m)	укалоочу	ukalootʃu
massaggiatrice (f)	укалоочу	ukalootʃu
medico (m)	доктур	doktur
taxista (m)	такси айдоочу	taksi ajdootʃu
autista (m)	айдоочу	ajdootʃu
fattorino (m)	жеткирүүчү	dʒetkiryytʃy
cameriera (f)	үй кызматкери	yj kızmatkeri
guardia (f) giurata	кароолчу	karooltʃu
hostess (f)	стюардесса	stuardessa
insegnante (m, f)	мугалим	mugalim
bibliotecario (m)	китепканачы	kitepkanatʃı
traduttore (m)	котормочу	kotormotʃu
interprete (m)	оозеки котормочу	oozeki kotormotʃu
guida (f)	гид	gid
parrucchiere (m)	чач тарач	tʃatʃ taratʃ
postino (m)	кат ташуучу	kat taʃuutʃu
commesso (m)	сатуучу	satuutʃu
giardiniere (m)	багбанчы	bagbantʃı
domestico (m)	үй кызматчы	yj kızmattʃı
domestica (f)	үй кызматчы аял	yj kızmattʃı ajal
donna (f) delle pulizie	тазалагыч	tazalagıtʃ

107. Professioni militari e gradi

soldato (m) semplice	катардагы жоокер	katardagı dʒooker
sergente (m)	сержант	serdʒant
tenente (m)	лейтенант	lejtenant
capitano (m)	капитан	kapitan
maggiore (m)	майор	major
colonnello (m)	полковник	polkovnik
generale (m)	генерал	general
maresciallo (m)	маршал	marʃal
ammiraglio (m)	адмирал	admiral
militare (m)	аскер кызматчысы	asker kızmattʃısı
soldato (m)	аскер	asker

| ufficiale (m) | офицер | ofitser |
| comandante (m) | командир | komandir |

guardia (f) di frontiera	чек арачы	tʃek aratʃı
marconista (m)	радист	radist
esploratore (m)	чалгынчы	tʃalgıntʃı
geniere (m)	сапёр	sapʲor
tiratore (m)	аткыч	atkıtʃ
navigatore (m)	штурман	ʃturman

108. Funzionari. Sacerdoti

| re (m) | король, падыша | korolʲ, padıʃa |
| regina (f) | ханыша | χanıʃa |

| principe (m) | канзаада | kanzaada |
| principessa (f) | ханбийке | χanbijke |

| zar (m) | падыша | padıʃa |
| zarina (f) | ханыша | χanıʃa |

presidente (m)	президент	prezident
ministro (m)	министр	ministr
primo ministro (m)	премьер-министр	premjer-ministr
senatore (m)	сенатор	senator

diplomatico (m)	дипломат	diplomat
console (m)	консул	konsul
ambasciatore (m)	элчи	eltʃi
consigliere (m)	кеңешчи	keŋeʃtʃi

funzionario (m)	аткаминер	atkaminer
prefetto (m)	префект	prefekt
sindaco (m)	мэр	mer

| giudice (m) | сот | sot |
| procuratore (m) | прокурор | prokuror |

missionario (m)	миссионер	missioner
monaco (m)	кечил	ketʃil
abate (m)	аббат	abbat
rabbino (m)	раввин	ravvin

visir (m)	визирь	vizirʲ
scià (m)	шах	ʃaχ
sceicco (m)	шейх	ʃejχ

109. Professioni agricole

apicoltore (m)	балчы	baltʃı
pastore (m)	чабан	tʃaban
agronomo (m)	агроном	agronom

| allevatore (m) di bestiame | малчы | maltʃɪ |
| veterinario (m) | мал доктуру | mal dokturu |

fattore (m)	фермер	fermer
vinificatore (m)	вино жасоочу	vino dʒasootʃu
zoologo (m)	зоолог	zoolog
cowboy (m)	ковбой	kovboj

110. Professioni artistiche

| attore (m) | актёр | aktʲor |
| attrice (f) | актриса | aktrisa |

| cantante (m) | ырчы | ɪrtʃɪ |
| cantante (f) | ырчы кыз | ɪrtʃɪ kɪz |

| danzatore (m) | бийчи жигит | bijtʃi dʒigit |
| ballerina (f) | бийчи кыз | bijtʃi kɪz |

| artista (m) | аткаруучу | atkaruutʃu |
| artista (f) | аткаруучу | atkaruutʃu |

musicista (m)	музыкант	muzɪkant
pianista (m)	пианист	pianist
chitarrista (m)	гитарист	gitarist

direttore (m) d'orchestra	дирижёр	diridʒʲor
compositore (m)	композитор	kompozitor
impresario (m)	импресарио	impresario

regista (m)	режиссёр	redʒissʲor
produttore (m)	продюсер	produser
sceneggiatore (m)	сценарист	stsenarist
critico (m)	сынчы	sɪntʃɪ

scrittore (m)	жазуучу	dʒazuutʃu
poeta (m)	акын	akɪn
scultore (m)	бедизчи	bediztʃi
pittore (m)	сүрөтчү	syrøttʃy

giocoliere (m)	жонглёр	dʒonglʲor
pagliaccio (m)	маскарапоз	maskarapoz
acrobata (m)	акробат	akrobat
prestigiatore (m)	көз боечу	køz boetʃu

111. Professioni varie

medico (m)	доктур	doktur
infermiera (f)	медсестра	medsestra
psichiatra (m)	психиатр	psiχiatr
dentista (m)	тиш доктур	tiʃ doktur
chirurgo (m)	хирург	χirurg

astronauta (m)	астронавт	astronavt
astronomo (m)	астроном	astronom
pilota (m)	учкуч	utʃkutʃ

autista (m)	айдоочу	ajdootʃu
macchinista (m)	машинист	maʃinist
meccanico (m)	механик	meχanik

minatore (m)	кенчи	kentʃi
operaio (m)	жумушчу	dʒumuʃtʃu
operaio (m) metallurgico	слесарь	slesarʲ
falegname (m)	жыгач уста	dʒɪgatʃ usta
tornitore (m)	токарь	tokarʲ
operaio (m) edile	куруучу	kuruutʃu
saldatore (m)	ширеткич	ʃiretkitʃ

professore (m)	профессор	professor
architetto (m)	архитектор	arχitektor
storico (m)	тарыхчы	tarɪχtʃɪ
scienziato (m)	илимпоз	ilimpoz
fisico (m)	физик	fizik
chimico (m)	химик	χimik

archeologo (m)	археолог	arχeolog
geologo (m)	геолог	geolog
ricercatore (m)	изилдөөчү	izildøøtʃy

baby-sitter (m, f)	бала баккыч	bala bakkɪtʃ
insegnante (m, f)	мугалим	mugalim

redattore (m)	редактор	redaktor
redattore capo (m)	башкы редактор	baʃkɪ redaktor
corrispondente (m)	кабарчы	kabartʃɪ
dattilografa (f)	машинистка	maʃinistka

designer (m)	дизайнер	dizajner
esperto (m) informatico	компьютер адиси	kompjuter adisi
programmatore (m)	программист	programmist
ingegnere (m)	инженер	indʒener

marittimo (m)	деңизчи	deŋiztʃi
marinaio (m)	матрос	matros
soccorritore (m)	куткаруучу	kutkaruutʃu

pompiere (m)	өрт өчүргүч	ørt øtʃyrgytʃ
poliziotto (m)	полиция кызматкери	politsija kɪzmatkeri
guardiano (m)	кароолчу	karooltʃu
detective (m)	аңдуучу	aŋduutʃu

doganiere (m)	бажы кызматкери	badʒɪ kɪzmatkeri
guardia (f) del corpo	жан сакчы	dʒan saktʃɪ
guardia (f) carceraria	күзөтчү	kyzøtʃy
ispettore (m)	инспектор	inspektor

sportivo (m)	спортчу	sporttʃu
allenatore (m)	машыктыруучу	maʃɪktɪruutʃu

macellaio (m)	касапчы	kasapt͡ʃı
calzolaio (m)	өтүкчү	øtykt͡ʃy
uomo (m) d'affari	жеке соодагер	dʒeke soodager
caricatore (m)	жүк ташуучу	dʒyk taʃuut͡ʃu
stilista (m)	модельер	modeljer
modella (f)	модель	modeli

112. Attività lavorative. Condizione sociale

scolaro (m)	окуучу	okuut͡ʃu
studente (m)	студент	student
filosofo (m)	философ	filosof
economista (m)	экономист	ekonomist
inventore (m)	ойлоп табуучу	ojlop tabuut͡ʃu
disoccupato (m)	жумушсуз	dʒumuʃsuz
pensionato (m)	баargер	baarger
spia (f)	тыңчы	tıŋt͡ʃı
detenuto (m)	камактагы адам	kamaktagı adam
scioperante (m)	иш калтыргыч	iʃ kaltırgıt͡ʃ
burocrate (m)	бюрократ	bʉrokrat
viaggiatore (m)	саякатчы	sajakatt͡ʃı
omosessuale (m)	гомосексуалист	gomoseksualist
hacker (m)	хакер	χaker
hippy (m, f)	хиппи	χippi
bandito (m)	ууру-кески	uuru-keski
sicario (m)	жалданма киши өлтүргүч	dʒaldanma kiʃi øltyrgyt͡ʃ
drogato (m)	баңги	baŋgi
trafficante (m) di droga	баңгизат сатуучу	baŋgizat satuut͡ʃu
prostituta (f)	сойку	sojku
magnaccia (m)	жан бакты	dʒan baktı
stregone (m)	жадыгөй	dʒadıgøj
strega (f)	жадыгөй	dʒadıgøj
pirata (m)	деңиз каракчысы	deŋiz karakt͡ʃısı
schiavo (m)	кул	kul
samurai (m)	самурай	samuraj
selvaggio (m)	жапайы	dʒapajı

Sport

113. Tipi di sport. Sportivi

sportivo (m)	спортчу	sporttʃu
sport (m)	спорттун түрү	sporttun tyry
pallacanestro (m)	баскетбол	basketbol
cestista (m)	баскетбол ойноочу	basketbol ojnootʃu
baseball (m)	бейсбол	bejsbol
giocatore (m) di baseball	бейсбол ойноочу	bejsbol ojnootʃu
calcio (m)	футбол	futbol
calciatore (m)	футбол ойноочу	futbol ojnootʃu
portiere (m)	дарбазачы	darbazatʃı
hockey (m)	хоккей	χokkej
hockeista (m)	хоккей ойноочу	χokkej ojnootʃu
pallavolo (m)	волейбол	volejbol
pallavolista (m)	волейбол ойноочу	volejbol ojnootʃu
pugilato (m)	бокс	boks
pugile (m)	бокс мушташуучу	boks muʃtaʃuutʃu
lotta (f)	күрөш	kyrøʃ
lottatore (m)	күрөшчү	kyrøʃtʃy
karate (m)	карате	karate
karateka (m)	карате мушташуучу	karate muʃtaʃuutʃu
judo (m)	дзюдо	dzʉdo
judoista (m)	дзюдо чалуучу	dzʉdo tʃaluutʃu
tennis (m)	теннис	tennis
tennista (m)	теннис ойноочу	tennis ojnootʃu
nuoto (m)	сүзүү	syzyy
nuotatore (m)	сүзүүчү	syzyytʃy
scherma (f)	кылычташуу	kılıtʃtaʃuu
schermitore (m)	кылычташуучу	kılıtʃtaʃuutʃu
scacchi (m pl)	шахмат	ʃaχmat
scacchista (m)	шахмат ойноочу	ʃaχmat ojnootʃu
alpinismo (m)	альпинизм	alʲpinizm
alpinista (m)	альпинист	alʲpinist
corsa (f)	чуркоо	tʃurkoo

corridore (m)	жөө күлүк	ʤøø kylyk
atletica (f) leggera	жеңил атлетика	ʤeɲil atletika
atleta (m)	атлет	atlet

| ippica (f) | ат спорту | at sportu |
| fantino (m) | чабандес | ʧabandes |

pattinaggio (m) artistico	муз бийи	muz biji
pattinatore (m)	муз бийчи	muz bijʧi
pattinatrice (f)	муз бийчи	muz bijʧi

| pesistica (f) | оор атлетика | oor atletika |
| pesista (m) | оор атлет | oor atlet |

| automobilismo (m) | авто жарыш | avto ʤarıʃ |
| pilota (m) | гонщик | gonʃʧik |

| ciclismo (m) | велоспорт | velosport |
| ciclista (m) | велосипед тебүүчү | velosiped tebyyʧy |

salto (m) in lungo	узундукка секирүү	uzundukka sekiryy
salto (m) con l'asta	шырык менен секирүү	ʃırık menen sekiryy
saltatore (m)	секирүүчү	sekiryyʧy

114. Tipi di sport. Varie

football (m) americano	американский футбол	amerikanskij futbol
badminton (m)	бадминтон	badminton
biathlon (m)	биатлон	biatlon
biliardo (m)	бильярд	biljard

bob (m)	бобслей	bobslej
culturismo (m)	бодибилдинг	bodibilding
pallanuoto (m)	суу полосу	suu polosu
pallamano (m)	гандбол	gandbol
golf (m)	гольф	golʲf

canottaggio (m)	калакты уруу	kalaktı uruu
immersione (f) subacquea	сууга чөмүүчү	suuga ʧømyyʧy
sci (m) di fondo	чаңгы жарышы	ʧaŋgı ʤarıʃı
tennis (m) da tavolo	стол тенниси	stol tennisi

vela (f)	парус астында сызуу	parus astında sızuu
rally (m)	ралли	ralli
rugby (m)	регби	regbi
snowboard (m)	сноуборд	snoubord
tiro (m) con l'arco	жаа атуу	ʤaa atuu

115. Palestra

| bilanciere (m) | штанга | ʃtanga |
| manubri (m pl) | гантелдер | gantelder |

attrezzo (m) sportivo	**машыгуу машине**	maʃıguu maʃine
cyclette (f)	**велотренажёр**	velotrenaʤʲor
tapis roulant (m)	**тегеретме**	tegeretme
sbarra (f)	**көпүрө жыгач**	køpyrø ʤıgaʧ
parallele (f pl)	**брусдар**	brusdar
cavallo (m)	**ат**	at
materassino (m)	**мат**	mat
corda (f) per saltare	**секиргич**	sekirgiʧ
aerobica (f)	**аэробика**	aerobika
yoga (m)	**йога**	joga

116. Sport. Varie

Giochi (m pl) Olimpici	**Олимпиада Оюндары**	olimpiada ojʉndarı
vincitore (m)	**жеңүүчү**	ʤeŋyyʧy
ottenere la vittoria	**жеңүү**	ʤeŋyy
vincere (vi)	**утуу**	utuu
leader (m), capo (m)	**топ башы**	top baʃı
essere alla guida	**топ башында болуу**	top baʃında boluu
primo posto (m)	**биринчи орун**	birinʧi orun
secondo posto (m)	**экинчи орун**	ekinʧi orun
terzo posto (m)	**үчүнчү орун**	yʧynʧy orun
medaglia (f)	**медаль**	medalʲ
trofeo (m)	**трофей**	trofej
coppa (f) (trofeo)	**кубок**	kubok
premio (m)	**байге**	bajge
primo premio (m)	**баш байге**	baʃ bajge
record (m)	**рекорд**	rekord
stabilire un record	**рекорд коюу**	rekord kojʉu
finale (m)	**финал**	final
finale (agg)	**финалдык**	finaldık
campione (m)	**чемпион**	ʧempion
campionato (m)	**чемпионат**	ʧempionat
stadio (m)	**стадион**	stadion
tribuna (f)	**трибуна**	tribuna
tifoso, fan (m)	**күйөрман**	kyjørman
avversario (m)	**каршылаш**	karʃılaʃ
partenza (f)	**старт**	start
traguardo (m)	**маара**	maara
sconfitta (f)	**утулуу**	utuluu
perdere (vt)	**жеңилүү**	ʤeŋilyy
arbitro (m)	**судья**	sudja
giuria (f)	**калыстар**	kalıstar

punteggio (m)	эсеп	esep
pareggio (m)	теңме-тең	teŋme-teŋ
pareggiare (vi)	теңме-тең бүтүрүү	teŋme-teŋ bytyryy
punto (m)	упай	upaj
risultato (m)	натыйжа	natıjʤa
tempo (primo ~)	убак	ubak
intervallo (m)	тыныгуу	tınıguu
doping (m)	допинг	doping
penalizzare (vt)	жазалоо	ʤazaloo
squalificare (vt)	дисквалификиялоо	diskvalifitsijaloo
attrezzatura (f)	снаряд	snarʲad
giavellotto (m)	найза	najza
peso (m) (sfera metallica)	ядро	jadro
biglia (f) (palla)	бильярд шары	biljard ʃarı
obiettivo (m)	бута	buta
bersaglio (m)	бута	buta
sparare (vi)	атуу	atuu
preciso (agg)	таамай	taamaj
allenatore (m)	машыктыруучу	maʃıktıruutʃu
allenare (vt)	машыктыруу	maʃıktıruu
allenarsi (vr)	машыгуу	maʃıguu
allenamento (m)	машыгуу	maʃıguu
palestra (f)	спортзал	sportzal
esercizio (m)	көнүгүү	kønygyy
riscaldamento (m)	дене керүү	dene keryy

Istruzione

117. Scuola

scuola (f)	мектеп	mektep
direttore (m) di scuola	мектеп директору	mektep direktoru
allievo (m)	окуучу бала	okuuʧu bala
allieva (f)	окуучу кыз	okuuʧu kız
scolaro (m)	окуучу	okuuʧu
scolara (f)	окуучу кыз	okuuʧu kız
insegnare (qn)	окутуу	okutuu
imparare (una lingua)	окуу	okuu
imparare a memoria	жаттоо	dʒattoo
studiare (vi)	үйрөнүү	yjrønyy
frequentare la scuola	мектепке баруу	mektepke baruu
andare a scuola	окууга баруу	okuuga baruu
alfabeto (m)	алфавит	alfavit
materia (f)	сабак	sabak
classe (f)	класс	klass
lezione (f)	сабак	sabak
ricreazione (f)	танапис	tanapis
campanella (f)	коңгуроо	koŋguroo
banco (m)	парта	parta
lavagna (f)	такта	takta
voto (m)	баа	baa
voto (m) alto	жакшы баа	dʒakʃı baa
voto (m) basso	жаман баа	dʒaman baa
dare un voto	баа коюу	baa kojʉu
errore (m)	ката	kata
fare errori	ката кетирүү	kata ketiryy
correggere (vt)	түзөтүү	tyzøtyy
bigliettino (m)	шпаргалка	ʃpargalka
compiti (m pl)	үй иши	yj iʃi
esercizio (m)	көнүгүү	kønygyy
essere presente	катышуу	katıʃuu
essere assente	келбей калуу	kelbej kaluu
mancare le lezioni	сабактарды калтыруу	sabaktardı kaltıruu
punire (vt)	жазалоо	dʒazaloo
punizione (f)	жаза	dʒaza
comportamento (m)	жүрүм-турум	dʒyrym-turum

pagella (f)	күндөлүк	kyndølyk
matita (f)	карандаш	karandaʃ
gomma (f) per cancellare	өчүргүч	øʧyrgyʧ
gesso (m)	бор	bor
astuccio (m) portamatite	калем салгыч	kalem salgıʧ

cartella (f)	портфель	portfelʲ
penna (f)	калем сап	kalem sap
quaderno (m)	дептер	depter
manuale (m)	китеп	kitep
compasso (m)	циркуль	ʦırkulʲ

| disegnare (tracciare) | чийүү | ʧijyy |
| disegno (m) tecnico | чийме | ʧijme |

poesia (f)	ыр сап	ır sap
a memoria	жатка	dʒatka
imparare a memoria	жаттоо	dʒattoo

vacanze (f pl) scolastiche	эс алуу	es aluu
essere in vacanza	эс алууда болуу	es aluuda boluu
passare le vacanze	эс алууну өткөзүү	es aluunu øtkøzyy

prova (f) scritta	текшерүү иш	tekʃeryy iʃ
composizione (f)	дил баян	dil bajan
dettato (m)	жат жаздыруу	dʒat dʒazdıruu
esame (m)	экзамен	ekzamen
sostenere un esame	экзамен тапшыруу	ekzamen tapʃıruu
esperimento (m)	тажрыйба	tadʒrıjba

118. Istituto superiore. Università

accademia (f)	академия	akademija
università (f)	университет	universitet
facoltà (f)	факультет	fakulʲtet

studente (m)	студент бала	student bala
studentessa (f)	студент кыз	student kız
docente (m, f)	мугалим	mugalim

| aula (f) | дарскана | darskana |
| diplomato (m) | окуу жайды бүтүрүүчү | okuu dʒajdı bytyryyʧy |

| diploma (m) | диплом | diplom |
| tesi (f) | диссертация | dissertaʦija |

| ricerca (f) | изилдөө | izildøø |
| laboratorio (m) | лаборатория | laboratorija |

| lezione (f) | лекция | lekʦija |
| compagno (m) di corso | курсташ | kurstaʃ |

| borsa (f) di studio | стипендия | stipendija |
| titolo (m) accademico | илимий даража | ilimij daradʒa |

119. Scienze. Discipline

matematica (f)	математика	matematika
algebra (f)	алгебра	algebra
geometria (f)	геометрия	geometrija

astronomia (f)	астрономия	astronomija
biologia (f)	биология	biologija
geografia (f)	география	geografija
geologia (f)	геология	geologija
storia (f)	тарых	tarıx

medicina (f)	медицина	meditsina
pedagogia (f)	педагогика	pedagogika
diritto (m)	укук	ukuk

fisica (f)	физика	fizika
chimica (f)	химия	ximija
filosofia (f)	философия	filosofija
psicologia (f)	психология	psixologija

120. Sistema di scrittura. Ortografia

grammatica (f)	грамматика	grammatika
lessico (m)	лексика	leksika
fonetica (f)	фонетика	fonetika

sostantivo (m)	зат атооч	zat atootʃ
aggettivo (m)	сын атооч	sın atootʃ
verbo (m)	этиш	etiʃ
avverbio (m)	тактооч	taktootʃ

pronome (m)	ат атооч	at atootʃ
interiezione (f)	сырдык сөз	sırdık søz
preposizione (f)	препозиция	prepozitsija

radice (f)	сөздүн уңгусу	søzdyn uŋgusu
desinenza (f)	жалгоо	dʒalgoo
prefisso (m)	префикс	prefiks
sillaba (f)	муун	muun
suffisso (m)	суффикс	suffiks

| accento (m) | басым | basım |
| apostrofo (m) | апостроф | apostrof |

punto (m)	чекит	tʃekit
virgola (f)	үтүр	ytyr
punto (m) e virgola	чекитүү үтүр	tʃekityy ytyr
due punti	кош чекит	koʃ tʃekit
puntini di sospensione	көп чекит	køp tʃekit

| punto (m) interrogativo | суроо белгиси | suroo belgisi |
| punto (m) esclamativo | илеп белгиси | ilep belgisi |

virgolette (f pl)	тырмакча	tırmaktʃa
tra virgolette	тырмакчага алынган	tırmaktʃaga alıngan
parentesi (f pl)	кашаа	kaʃaa
tra parentesi	кашаага алынган	kaʃaaga alıngan
trattino (m)	дефис	defis
lineetta (f)	тире	tire
spazio (m) (tra due parole)	аралык	aralık
lettera (f)	тамга	tamga
lettera (f) maiuscola	баш тамга	baʃ tamga
vocale (f)	үндүү тыбыш	yndyy tıbıʃ
consonante (f)	үнсүз тыбыш	ynsyz tıbıʃ
proposizione (f)	сүйлөм	syjløm
soggetto (m)	сүйлөмдүн ээси	syjlømdyn eesi
predicato (m)	баяндооч	bajandootʃ
riga (f)	сап	sap
a capo	жаңы сап	dʒaŋı sap
capoverso (m)	абзац	abzats
parola (f)	сөз	søz
gruppo (m) di parole	сөз айкашы	søz ajkaʃı
espressione (f)	туюнтма	tujʉntma
sinonimo (m)	синоним	sinonim
antonimo (m)	антоним	antonim
regola (f)	эреже	eredʒe
eccezione (f)	чектен чыгаруу	tʃekten tʃıgaruu
giusto (corretto)	туура	tuura
coniugazione (f)	жактоо	dʒaktoo
declinazione (f)	жөндөлүш	dʒøndølyʃ
caso (m) nominativo	жөндөмө	dʒøndømø
domanda (f)	суроо	suroo
sottolineare (vt)	баса белгилөө	basa belgiløø
linea (f) tratteggiata	пунктир	punktir

121. Lingue straniere

lingua (f)	тил	til
straniero (agg)	чет	tʃet
lingua (f) straniera	чет тил	tʃet til
studiare (vt)	окуу	okuu
imparare (una lingua)	үйрөнүү	yjrønyy
leggere (vi, vt)	окуу	okuu
parlare (vi, vt)	сүйлөө	syjløø
capire (vt)	түшүнүү	tyʃynyy
scrivere (vi, vt)	жазуу	dʒazuu
rapidamente	тез	tez
lentamente	жай	dʒaj

correntemente	эркин	erkin
regole (f pl)	эрежелер	eredʒeler
grammatica (f)	грамматика	grammatika
lessico (m)	лексика	leksika
fonetica (f)	фонетика	fonetika

manuale (m)	китеп	kitep
dizionario (m)	сөздүк	søzdyk
manuale (m) autodidattico	өзү үйрөткүч	øzy yjrøtkytʃ
frasario (m)	тилачар	tilatʃar

cassetta (f)	кассета	kasseta
videocassetta (f)	видеокассета	videokasseta
CD (m)	CD, компакт-диск	sidi, kompakt-disk
DVD (m)	DVD-диск	dividi-disk

alfabeto (m)	алфавит	alfavit
compitare (vt)	эжелеп айтуу	edʒelep ajtuu
pronuncia (f)	айтылышы	ajtılıʃı

accento (m)	акцент	aktsent
con un accento	акцент менен	aktsent menen
senza accento	акцентсиз	aktsentsiz

| vocabolo (m) | сөз | søz |
| significato (m) | маани | maani |

corso (m) (~ di francese)	курстар	kurstar
iscriversi (vr)	курска жазылуу	kurska dʒazıluu
insegnante (m, f)	окутуучу	okutuutʃu

traduzione (f) (fare una ~)	которуу	kotoruu
traduzione (f) (un testo)	котормо	kotormo
traduttore (m)	котормочу	kotormotʃu
interprete (m)	оозеки котормочу	oozeki kotormotʃu

| poliglotta (m) | полиглот | poliglot |
| memoria (f) | эс тутум | es tutum |

122. Personaggi delle fiabe

Babbo Natale (m)	Санта Клаус	santa klaus
Cenerentola (f)	Кулала кыз	kylala kız
sirena (f)	суу периси	suu perisi
Nettuno (m)	Нептун	neptun

mago (m)	сыйкырчы	sıjkırtʃı
fata (f)	сыйкырчы	sıjkırtʃı
magico (agg)	сыйкырдуу	sıjkırduu
bacchetta (f) magica	сыйкырлуу таякча	sıjkırluu tajaktʃa

fiaba (f), favola (f)	жомок	dʒomok
miracolo (m)	керемет	keremet
nano (m)	эргежээл	ergedʒeel

trasformarsi in …	…га айлануу	…ga ajlanuu
fantasma (m)	көрүнчү	køryntʃy
spettro (m)	арбак	arbak
mostro (m)	желмогуз	dʒelmoguz
drago (m)	ажыдаар	adʒıdaar
gigante (m)	дөө	døø

123. Segni zodiacali

Ariete (m)	Кой	koj
Toro (m)	Букачар	bukatʃar
Gemelli (m pl)	Эгиздер	egizder
Cancro (m)	Рак	rak
Leone (m)	Арстан	arstan
Vergine (f)	Суу пери	suu peri
Bilancia (f)	Тараза	taraza
Scorpione (m)	Чаян	tʃajan
Sagittario (m)	Жаачы	dʒaatʃı
Capricorno (m)	Текечер	teketʃer
Acquario (m)	Суу куяр	suu kujar
Pesci (m pl)	Балыктар	balıktar
carattere (m)	мүнөз	mynøz
tratti (m pl) del carattere	мүнөздүн түрү	mynøzdyn tyry
comportamento (m)	жүрүм-турум	dʒyrym-turum
predire il futuro	төлгө ачуу	tølgø atʃuu
cartomante (f)	көз ачык	køz atʃık
oroscopo (m)	жылдыз төлгө	dʒıldız tølgø

Arte

124. Teatro

teatro (m)	театр	teatr
opera (f)	опера	opera
operetta (f)	оперетта	operetta
balletto (m)	балет	balet
cartellone (m)	афиша	afiʃa
compagnia (f) teatrale	труппа	truppa
tournée (f)	гастрольго чыгуу	gastrolʲgo ʧɪguu
andare in tourn?e	гастрольдо журуу	gastrolʲdo dʒyryy
fare le prove	репетиция кылуу	repetitsija kɪluu
prova (f)	репетиция	repetitsija
repertorio (m)	репертуар	repertuar
rappresentazione (f)	көрсөтүү	kørsøtyy
spettacolo (m)	спектакль	spektaklʲ
opera (f) teatrale	пьеса	pjesa
biglietto (m)	билет	bilet
botteghino (m)	билет кассасы	bilet kassasɪ
hall (f)	холл	χoll
guardaroba (f)	гардероб	garderob
cartellino (m) del guardaroba	номерок	nomerok
binocolo (m)	дүрбү	dyrby
maschera (f)	текшерүүчү	tekʃeryyʧy
platea (f)	партер	parter
balconata (f)	балкон	balkon
prima galleria (f)	бельэтаж	beljetadʒ
palco (m)	ложа	lodʒa
fila (f)	катар	katar
posto (m)	орун	orun
pubblico (m)	эл	el
spettatore (m)	көрүүчү	køryyʧy
battere le mani	кол чабуу	kol ʧabuu
applauso (m)	кол чабуулар	kol ʧabuular
ovazione (f)	дүркүрөгөн кол чабуулар	dyrkyrøgøn kol ʧabuular
palcoscenico (m)	сахна	saχna
sipario (m)	көшөгө	køʃøgø
scenografia (f)	декорация	dekoratsija
quinte (f pl)	көшөгө артында	køʃøgø artɪnda
scena (f) (l'ultima ~)	көрсөтмө	kørsøtmø
atto (m)	окуя	okuja
intervallo (m)	антракт	antrakt

125. Cinema

attore (m)	актёр	aktior
attrice (f)	актриса	aktrisa
cinema (m) (industria)	кино	kino
film (m)	тасма	tasma
puntata (f)	серия	serija
film (m) giallo	детектив	detektiv
film (m) d'azione	салгылаш тасмасы	salgılaʃ tasması
film (m) d'avventure	укмуштуу окуялуу тасма	ukmuʃtuu okujaluu tasma
film (m) di fantascienza	билим-жалган аралаш тасмасы	bilim-dʒalgan aralaʃ tasması
film (m) d'orrore	коркутуу тасмасы	korkutuu tasması
film (m) comico	күлкүлүү кино	kylkylyy kino
melodramma (m)	ый менен кайгы аралаш	ıy menen kajgı aralaʃ
dramma (m)	драма	drama
film (m) a soggetto	көркөм тасма	kørkøm tasma
documentario (m)	документүү тасма	dokumentyy tasma
cartoni (m pl) animati	мультфильм	mulitfilim
cinema (m) muto	үнсүз кино	ynsyz kino
parte (f)	роль	roli
parte (f) principale	башкы роль	baʃkı roli
recitare (vi, vt)	ойноо	ojnoo
star (f), stella (f)	кино жылдызы	kino dʒıldızı
noto (agg)	белгилүү	belgilyy
famoso (agg)	атактуу	ataktuu
popolare (agg)	даңазалуу	daŋazaluu
sceneggiatura (m)	сценарий	stsenarij
sceneggiatore (m)	сценарист	stsenarist
regista (m)	режиссёр	redʒissior
produttore (m)	продюсер	produser
assistente (m)	ассистент	assistent
cameraman (m)	оператор	operator
cascatore (m)	айлагер	ajlager
controfigura (f)	кейпин кийүүчү	kejpin kijyytʃy
girare un film	тасма тартуу	tasma tartuu
provino (m)	сыноо	sınoo
ripresa (f)	тартуу	tartuu
troupe (f) cinematografica	тартуу группасы	tartuu gruppası
set (m)	тартуу аянты	tartuu ajantı
cinepresa (f)	кинокамера	kinokamera
cinema (m) (~ all'aperto)	кинотеатр	kinoteatr
schermo (m)	экран	ekran
proiettare un film	тасманы көрсөтүү	tasmanı kørsøtyy
colonna (f) sonora	үн нугу	yn nugu
effetti (m pl) speciali	атайын эффектер	atajın effekter

sottotitoli (m pl)	субтитрлер	subtitrler
titoli (m pl) di coda	титрлер	titrler
traduzione (f)	которуу	kotoruu

126. Pittura

arte (f)	керкем енер	kørkøm ønør
belle arti (f pl)	керкем чеберчилик	kørkøm tʃebertʃilik
galleria (f) d'arte	арт-галерея	art-galereja
mostra (f)	сүрөт көргөзмөсү	syrøt kørgøzmøsy
pittura (f)	живопись	dʒivopisʲ
grafica (f)	графика	grafika
astrattismo (m)	абстракционизм	abstraktsionizm
impressionismo (m)	импрессионизм	impressionizm
quadro (m)	сүрөт	syrøt
disegno (m)	сүрөт	syrøt
cartellone, poster (m)	көрнөк	kørnøk
illustrazione (f)	иллюстрация	illustratsija
miniatura (f)	миниатюра	miniatura
copia (f)	көчүрмө	køtʃyrmø
riproduzione (f)	репродукция	reproduktsija
mosaico (m)	мозаика	mozaika
vetrata (f)	витраж	vitradʒ
affresco (m)	фреска	freska
incisione (f)	гравюра	gravʉra
busto (m)	бюст	bʉst
scultura (f)	айкел	ajkel
statua (f)	айкел	ajkel
gesso (m)	гипс	gips
in gesso	гипстен	gipsten
ritratto (m)	портрет	portret
autoritratto (m)	автопортрет	avtoportret
paesaggio (m)	теребел сүрөтү	terebel syrøty
natura (f) morta	буюмдар сүрөтү	bujumdar syrøty
caricatura (f)	карикатура	karikatura
abbozzo (m)	сомо	somo
colore (m)	боёк	boek
acquerello (m)	акварель	akvarelʲ
olio (m)	майбоёк	majbojok
matita (f)	карандаш	karandaʃ
inchiostro (m) di china	тушь	tuʃ
carbone (m)	көмүр	kømyr
disegnare (a matita)	тартуу	tartuu
dipingere (un quadro)	боёк менен тартуу	bojok menen tartuu
posare (vi)	атайын туруу	atajın turuu
modello (m)	атайын туруучу	atajın turuutʃu

modella (f)	атайын туруучу	atajın turuutʃu
pittore (m)	сүрөтчү	syrøttʃy
opera (f) d'arte	чыгарма	tʃıgarma
capolavoro (m)	чеберчиликтин чокусу	tʃebertʃiliktin tʃokusu
laboratorio (m) (di artigiano)	устакана	ustakana
tela (f)	кендир	kendir
cavalletto (m)	мольберт	molʲbert
tavolozza (f)	палитра	palitra
cornice (f) (~ di un quadro)	алкак	alkak
restauro (m)	калыбына келтирүү	kalıbına keltiryy
restaurare (vt)	калыбына келтирүү	kalıbına keltiryy

127. Letteratura e poesia

letteratura (f)	адабият	adabijat
autore (m)	автор	avtor
pseudonimo (m)	лакап ат	lakap at
libro (m)	китеп	kitep
volume (m)	том	tom
sommario (m), indice (m)	мазмун	mazmun
pagina (f)	бет	bet
protagonista (m)	башкы каарман	baʃkı kaarman
autografo (m)	кол тамга	kol tamga
racconto (m)	окуя	okuja
romanzo (m) breve	аӊгеме	aŋgeme
romanzo (m)	роман	roman
opera (f) (~ letteraria)	дил баян	dil bajan
favola (f)	тамсил	tamsil
giallo (m)	детектив	detektiv
verso (m)	ыр сап	ır sap
poesia (f) (~ lirica)	поэзия	poezija
poema (m)	поэма	poema
poeta (m)	акын	akın
narrativa (f)	сулуулатып жазуу	suluulatıp dʒazuu
fantascienza (f)	билим-жалган аралаш	bilim-dʒalgan aralaʃ
avventure (f pl)	укмуштуу окуялар	ukmuʃtuu okujalar
letteratura (f) formativa	билим берүү адабияты	bilim beryy adabijatı
libri (m pl) per l'infanzia	балдар адабияты	baldar adabijatı

128. Circo

circo (m)	цирк	tsırk
tendone (m) del circo	цирк-шапито	tsırk-ʃapito
programma (m)	программа	programma
spettacolo (m)	көрсөтүү	kørsøtyy
numero (m)	номер	nomer

arena (f)	арена	arena
pantomima (m)	пантомима	pantomima
pagliaccio (m)	маскарапоз	maskarapoz

acrobata (m)	акробат	akrobat
acrobatica (f)	акробатика	akrobatika
ginnasta (m)	гимнаст	gimnast
ginnastica (m)	гимнастика	gimnastika
salto (m) mortale	тоңкочуктап атуу	toŋkotʃuktap atuu

forzuto (m)	атлет	atlet
domatore (m)	ыкка көндүрүүчү	ıkka kөndyryytʃy
cavallerizzo (m)	чабандес	tʃabandes
assistente (m)	жардамчы	dʒardamtʃı

acrobazia (f)	ыкма	ıkma
gioco (m) di prestigio	көз боемо	kөz boemo
prestigiatore (m)	көз боемочу	kөz boemotʃu

giocoliere (m)	жонглёр	dʒonglʲor
giocolare (vi)	жонглёрлук кылуу	dʒonglʲorluk kıluu
ammaestratore (m)	үйрөтүүчү	yjrөtyytʃy
ammaestramento (m)	үйрөтүү	yjrөtyy
ammaestrare (vt)	үйрөтүү	yjrөtyy

129. Musica. Musica pop

musica (f)	музыка	muzıka
musicista (m)	музыкант	muzıkant
strumento (m) musicale	музыка аспабы	muzıka aspabı
suonare ...	...да ойноо	...da ojnoo

chitarra (f)	гитара	gitara
violino (m)	скрипка	skripka
violoncello (m)	виолончель	violontʃelʲ
contrabbasso (m)	контрабас	kontrabas
arpa (f)	арфа	arfa

pianoforte (m)	пианино	pianino
pianoforte (m) a coda	рояль	rojalʲ
organo (m)	орган	organ

strumenti (m pl) a fiato	үйлө аспаптары	yjlө aspaptarı
oboe (m)	гобой	goboj
sassofono (m)	саксофон	saksofon
clarinetto (m)	кларнет	klarnet
flauto (m)	флейта	flejta
tromba (f)	сурнай	surnaj

| fisarmonica (f) | аккордеон | akkordeon |
| tamburo (m) | добулбас | dobulbas |

| duetto (m) | дуэт | duet |
| trio (m) | трио | trio |

quartetto (m)	квартет	kvartet
coro (m)	хор	χor
orchestra (f)	оркестр	orkestr
musica (f) pop	поп-музыка	pop-muzıka
musica (f) rock	рок-музыка	rok-muzıka
gruppo (m) rock	рок-группа	rok-gruppa
jazz (m)	джаз	dʒaz
idolo (m)	аздек	azdek
ammiratore (m)	күйөрман	kyjørman
concerto (m)	концерт	kontsert
sinfonia (f)	симфония	simfonija
composizione (f)	чыгарма	tʃıgarma
comporre (vt), scrivere (vt)	чыгаруу	tʃıgaruu
canto (m)	ырдоо	ırdoo
canzone (f)	ыр	ır
melodia (f)	обон	obon
ritmo (m)	ыргак	ırgak
blues (m)	блюз	blʉz
note (f pl)	ноталар	notalar
bacchetta (f)	таякча	tajaktʃa
arco (m)	кылдуу таякча	kılduu tajaktʃa
corda (f)	кыл	kıl
custodia (f) (~ della chitarra)	куту	kutu

Ristorante. Intrattenimento. Viaggi

130. Escursione. Viaggio

Italiano	Chirghiso	Traslitterazione
turismo (m)	туризм	turizm
turista (m)	турист	turist
viaggio (m) (all'estero)	саякат	sajakat
avventura (f)	укмуштуу окуя	ukmuʃtuu okuja
viaggio (m) (corto)	сапар	sapar
vacanza (f)	дем алыш	dem alıʃ
essere in vacanza	дем алышка чыгуу	dem alıʃka ʧıguu
riposo (m)	эс алуу	es aluu
treno (m)	поезд	poezd
in treno	поезд менен	poezd menen
aereo (m)	учак	uʧak
in aereo	учакта	uʧakta
in macchina	автомобилде	avtomobilde
in nave	кемеде	kemede
bagaglio (m)	жүк	dʒyk
valigia (f)	чемодан	ʧemodan
carrello (m)	араба	araba
passaporto (m)	паспорт	pasport
visto (m)	виза	viza
biglietto (m)	билет	bilet
biglietto (m) aereo	авиабилет	aviabilet
guida (f)	жол көрсөткүч	dʒol kørsøtkyʧ
carta (f) geografica	карта	karta
località (f)	жай	dʒaj
luogo (m)	жер	dʒer
ogetti (m pl) esotici	экзотика	ekzotika
esotico (agg)	экзотикалуу	ekzotikaluu
sorprendente (agg)	ажайып	adʒajıp
gruppo (m)	топ	top
escursione (f)	экскурсия	ekskursija
guida (f) (cicerone)	экскурсия жетекчиси	ekskursija dʒetekʧisi

131. Hotel

Italiano	Chirghiso	Traslitterazione
albergo, hotel (m)	мейманкана	mejmankana
motel (m)	мотель	motelʲ
tre stelle	үч жылдыздуу	yʧ dʒıldızduu

119

cinque stelle	беш жылдыздуу	beʃ dʒɪldɪzduu
alloggiare (vi)	токтоо	toktoo
camera (f)	номер	nomer
camera (f) singola	бир орундуу	bir orunduu
camera (f) doppia	эки орундуу	eki orunduu
prenotare una camera	номерди камдык буйрутмалоо	nomerdi kamdık bujrutmaloo
mezza pensione (f)	жарым пансион	dʒarım pansion
pensione (f) completa	толук пансион	toluk pansion
con bagno	ваннасы менен	vannası menen
con doccia	душ менен	duʃ menen
televisione (f) satellitare	спутник	sputnik
condizionatore (m)	аба желдеткич	aba dʒeldetkiʧ
asciugamano (m)	сүлгү	sylgy
chiave (f)	ачкыч	aʧkıʧ
amministratore (m)	администратор	administrator
cameriera (f)	үй кызматкери	yj kızmatkeri
portabagagli (m)	жүк ташуучу	dʒyk taʃuuʧu
portiere (m)	эшик ачуучу	eʃik aʧuuʧu
ristorante (m)	ресторан	restoran
bar (m)	бар	bar
colazione (f)	таңкы тамак	taŋkı tamak
cena (f)	кечки тамак	keʧki tamak
buffet (m)	шведче стол	ʃvedʧe stol
hall (f) (atrio d'ingresso)	вестибюль	vestibʉlʲ
ascensore (m)	лифт	lift
NON DISTURBARE	ТЫНЧЫБЫЗДЫ АЛБАГЫЛА!	tɪnʧibɪzdɪ albagıla!
VIETATO FUMARE!	ТАМЕКИ ЧЕГҮҮГӨ БОЛБОЙТ!	tameki ʧegyygø bolbojt!

132. Libri. Lettura

libro (m)	китеп	kitep
autore (m)	автор	avtor
scrittore (m)	жазуучу	dʒazuuʧu
scrivere (vi, vt)	жазуу	dʒazuu
lettore (m)	окурман	okurman
leggere (vi, vt)	окуу	okuu
lettura (f) (sala di ~)	окуу	okuu
in silenzio (leggere ~)	үн чыгарбай	yn ʧɪgarbaj
ad alta voce	үн чыгарып	yn ʧɪgarıp
pubblicare (vt)	басып чыгаруу	basıp ʧɪgaruu
pubblicazione (f)	басып чыгаруу	basıp ʧɪgaruu

editore (m)	басып чыгаруучу	basıp ʧıgaruuʧu
casa (f) editrice	басмакана	basmakana
uscire (vi)	жарык көрүү	dʒarık køryy
uscita (f)	чыгуу	ʧıguu
tiratura (f)	нуска	nuska
libreria (f)	китеп дүкөнү	kitep dykøny
biblioteca (f)	китепкана	kitepkana
romanzo (m) breve	аӊгеме	aŋgeme
racconto (m)	окуя	okuja
romanzo (m)	роман	roman
giallo (m)	детектив	detektiv
memorie (f pl)	эсте калгандары	este kalgandarı
leggenda (f)	уламыш	ulamıʃ
mito (m)	миф	mif
poesia (f), versi (m pl)	ыр	ır
autobiografia (f)	автобиография	avtobiografija
opere (f pl) scelte	тандалма	tandalma
fantascienza (f)	билим-жалган аралаш	bilim-dʒalgan aralaʃ
titolo (m)	аталышы	atalıʃı
introduzione (f)	кириш сөз	kiriʃ søz
frontespizio (m)	наам барагы	naam baragı
capitolo (m)	бөлум	bølum
frammento (m)	үзүндү	yzyndy
episodio (m)	эпизод	epizod
soggetto (m)	сюжет	sʉdʒet
contenuto (m)	мазмун	mazmun
sommario (m)	мазмун	mazmun
protagonista (m)	башкы каарман	baʃkı kaarman
volume (m)	том	tom
copertina (f)	мукаба	mukaba
rilegatura (f)	мукабалоо	mukabaloo
segnalibro (m)	чөп кат	ʧøp kat
pagina (f)	бет	bet
sfogliare (~ le pagine)	барактоо	baraktoo
margini (m pl)	талаа	talaa
annotazione (f)	белги	belgi
nota (f) (a fondo pagina)	эскертүү	eskertyy
testo (m)	текст	tekst
carattere (m)	шрифт	ʃrift
refuso (m)	ката	kata
traduzione (f)	котормо	kotormo
tradurre (vt)	котoруу	kotoruu
originale (m) (leggere l'~)	түпнуска	typnuska
famoso (agg)	атактуу	ataktuu

sconosciuto (agg)	белгисиз	belgisiz
interessante (agg)	кызыктуу	kızıktuu
best seller (m)	талашып сатып алынган	talaſıp satıp alıngan

dizionario (m)	сөздүк	søzdyk
manuale (m)	китеп	kitep
enciclopedia (f)	энциклопедия	entsiklopedija

133. Caccia. Pesca

caccia (f)	аңчылык	aŋʧılık
cacciare (vt)	аңчылык кылуу	aŋʧılık kıluu
cacciatore (m)	аңчы	aŋʧı

sparare (vi)	атуу	atuu
fucile (m)	мылтык	mıltık
cartuccia (f)	ок	ok
pallini (m pl) da caccia	чачма	ʧaʧma

tagliola (f) (~ per orsi)	капкан	kapkan
trappola (f) (~ per uccelli)	тузак	tuzak
cadere in trappola	капканга түшүү	kapkanga tyſyy
tendere una trappola	капкан коюу	kapkan kojʉu

bracconiere (m)	браконьер	brakonjer
cacciagione (m)	илбээсин	ilbeesin
cane (m) da caccia	тайган	tajgan
safari (m)	сафари	safari
animale (m) impagliato	кеп	kep
pescatore (m)	балыкчы	balıkʧı
pesca (f)	балык улоо	balık uloo
pescare (vi)	балык улоо	balık uloo

canna (f) da pesca	кайырмак	kajırmak
lenza (f)	кайырмак жиби	kajırmak dʒibi
amo (m)	илгич	ilgitʃ
galleggiante (m)	калкыма	kalkıma
esca (f)	жем	dʒem

lanciare la canna	кайырмак таштоо	kajırmak taſtoo
abboccare (pesce)	чокулоо	ʧokuloo
pescato (m)	кармалган балык	karmalgan balık
buco (m) nel ghiaccio	муздагы оюк	muzdagı ojʉk

rete (f)	тор	tor
barca (f)	кайык	kajık
prendere con la rete	тор менен кармоо	tor menen karmoo
gettare la rete	тор таштоо	tor taſtoo
tirare le reti	торду чыгаруу	tordu ʧıgaruu
cadere nella rete	торго түшүү	torgo tyſyy

baleniere (m)	кит уулоочу	kit uulootʃu
baleniera (f) (nave)	кит уулоочу кеме	kit uulootʃu keme
rampone (m)	гарпун	garpun

134. Ciochi. Biliardo

biliardo (m)	бильярд	biljard
sala (f) da biliardo	бильярдкана	biljardkana
bilia (f)	бильярд шары	biljard ʃarı
imbucare (vt)	шарды киргизүү	ʃardı kirgizyy
stecca (f) da biliardo	кий	kij
buca (f)	луза	luza

135. Giochi. Carte da gioco

quadri (m pl)	момун	momun
picche (f pl)	карга	karga
cuori (m pl)	кызыл ача	kızıl atʃa
fiori (m pl)	чырым	tʃırım
asso (m)	туз	tuz
re (m)	король	korolʲ
donna (f)	матке	matke
fante (m)	балта	balta
carta (f) da gioco	оюн картасы	ojʉn kartası
carte (f pl)	карталар	kartalar
briscola (f)	көзүр	køzyr
mazzo (m) di carte	колода	koloda
punto (m)	очко	otʃko
dare le carte	таратуу	taratuu
mescolare (~ le carte)	аралаштыруу	aralaʃtıruu
turno (m)	жүрүү	dʒyryy
baro (m)	шумпай	ʃumpaj

136. Riposo. Giochi. Varie

passeggiare (vi)	сейилдөө	sejildøø
passeggiata (f)	жөө сейилдөө	dʒøø sejildøø
gita (f)	саякат	sajakat
avventura (f)	укмуштуу окуя	ukmuʃtuu okuja
picnic (m)	пикник	piknik
gioco (m)	оюн	ojʉn
giocatore (m)	оюнчу	ojʉntʃu
partita (f) (~ a scacchi)	партия	partija
collezionista (m)	жыйнакчы	dʒıjnaktʃı
collezionare (vt)	жыйноо	dʒıjnoo
collezione (f)	жыйнак	dʒıjnak
cruciverba (m)	кроссворд	krossvord
ippodromo (m)	ат майданы	at majdanı

discoteca (f)	дискотека	diskoteka
sauna (f)	сауна	sauna
lotteria (f)	лотерея	lotereja

campeggio (m)	жөө сапар	dʒøø sapar
campo (m)	лагерь	lagerʲ
tenda (f) da campeggio	чатыр	ʧatır
bussola (f)	компас	kompas
campeggiatore (m)	турист	turist

guardare (~ un film)	көрүү	køryy
telespettatore (m)	телекөрүүчү	telekøryyʧy
trasmissione (f)	теле көрсөтүү	tele kørsøtyy

137. Fotografia

| macchina (f) fotografica | фотоаппарат | fotoapparat |
| fotografia (f) | фото | foto |

fotografo (m)	сүрөтчү	syrøtʧy
studio (m) fotografico	фотостудия	fotostudija
album (m) di fotografie	фотоальбом	fotoalʲbom

obiettivo (m)	объектив	obʰjektiv
teleobiettivo (m)	телеобъектив	teleobʰjektiv
filtro (m)	фильтр	filʲtr
lente (f)	линза	linza

ottica (f)	оптика	optika
diaframma (m)	диафрагма	diafragma
tempo (m) di esposizione	тушугуу	tuʃuguu
mirino (m)	көрүнүш табуучу	kørynyʃ tabuuʧu

fotocamera (f) digitale	санарип камерасы	sanarip kamerası
cavalletto (m)	үч бут	yʧ but
flash (m)	жарк этүү	dʒark etyy

fotografare (vt)	сүрөткө тартуу	syrøtkø tartuu
fare foto	тартуу	tartuu
fotografarsi	сүрөткө түшүү	syrøtkø tyʃyy

fuoco (m)	фокус	fokus
mettere a fuoco	фокусту оҥдоо	fokustu oŋdoo
nitido (agg)	фокуста	fokusta
nitidezza (f)	дааналык	daanalık

| contrasto (m) | контраст | kontrast |
| contrastato (agg) | контрасттагы | kontrasttagı |

foto (f)	сүрөт	syrøt
negativa (f)	негатив	negativ
pellicola (f) fotografica	фотоплёнка	fotoplʲonka
fotogramma (m)	кадр	kadr
stampare (~ le foto)	басып чыгаруу	basıp ʧıgaruu

138. Spiaggia. Nuoto

spiaggia (f)	суу жээги	suu dʒeegi
sabbia (f)	кум	kum
deserto (agg)	ээн суу жээги	een suu dʒeegi
abbronzatura (f)	күнгө күйүү	kyngø kyjyy
abbronzarsi (vr)	күнгө кактануу	kyngø kaktanuu
abbronzato (agg)	күнгө күйгөн	kyngø kyjgøn
crema (f) solare	күнгө күйүш үчүн крем	kyngø kyjyʃ ytʃyn krem
bikini (m)	бикини	bikini
costume (m) da bagno	купальник	kupalʲnik
slip (m) da bagno	плавки	plavki
piscina (f)	бассейн	bassejn
nuotare (vi)	сүзүү	syzyy
doccia (f)	душ	duʃ
cambiarsi (~ i vestiti)	кийим алмаштыруу	kijim almaʃtıruu
asciugamano (m)	сүлгү	sylgy
barca (f)	кайык	kajık
motoscafo (m)	катер	kater
sci (m) nautico	суу чаңгысы	suu tʃaŋgısı
pedalò (m)	суу велосипеди	suu velosipedi
surf (m)	тактай тебүү	taktaj tebyy
surfista (m)	тактай тебүүчү	taktaj tebyytʃy
autorespiratore (m)	акваланг	akvalang
pinne (f pl)	ласты	lastı
maschera (f)	маска	maska
subacqueo (m)	сууга сүңгүү	suuga syŋgyy
tuffarsi (vr)	сүңгүү	syŋgyy
sott'acqua	суу астында	suu astında
ombrellone (m)	зонт	zont
sdraio (f)	шезлонг	ʃezlong
occhiali (m pl) da sole	көз айнек	køz ajnek
materasso (m) ad aria	сүзүү үчүн матрас	syzyy ytʃyn matras
giocare (vi)	ойноо	ojnoo
fare il bagno	сууга түшүү	suuga tyʃyy
pallone (m)	топ	top
gonfiare (vt)	үйлөө	yjløø
gonfiabile (agg)	үйлөнмө	yjlønmø
onda (f)	толкун	tolkun
boa (f)	буй	buj
annegare (vi)	чөгүү	tʃøgyy
salvare (vt)	куткаруу	kutkaruu
giubbotto (m) di salvataggio	куткаруучу күрмө	kutkaruutʃu kyrmø
osservare (vt)	байкоо	bajkoo
bagnino (m)	куткаруучу	kutkaruutʃu

ATTREZZATURA TECNICA. MEZZI DI TRASPORTO

Attrezzatura tecnica

139. Computer

computer (m)	компьютер	kompjuter
computer (m) portatile	ноутбук	noutbuk
accendere (vt)	күйгүзүү	kyjgyzyy
spegnere (vt)	өчүрүү	øʧyryy
tastiera (f)	ариптакта	ariptakta
tasto (m)	баскыч	baskıʧ
mouse (m)	чычкан	ʧıʧkan
tappetino (m) del mouse	килемче	kilemʧe
tasto (m)	баскыч	baskıʧ
cursore (m)	курсор	kursor
monitor (m)	монитор	monitor
schermo (m)	экран	ekran
disco (m) rigido	катуу диск	katuu disk
spazio (m) sul disco rigido	катуу дисктин көлөмү	katuu disktin kølømy
memoria (f)	эс тутум	es tutum
memoria (f) operativa	оперативдик эс тутум	operativdik es tutum
file (m)	файл	fajl
cartella (f)	папка	papka
aprire (vt)	ачуу	aʧuu
chiudere (vt)	жабуу	dʒabuu
salvare (vt)	сактоо	saktoo
eliminare (vt)	жок кылуу	dʒok kıluu
copiare (vt)	көчүрүү	køʧyryy
ordinare (vt)	иреттөө	irettøø
trasferire (vt)	өткөрүү	øtkøryy
programma (m)	программа	programma
software (m)	программалык	programmalık
programmatore (m)	программист	programmist
programmare (vt)	программалаштыруу	programmalaʃtıruu
hacker (m)	хакер	χaker
password (f)	сырсөз	sırsøz
virus (m)	вирус	virus
trovare (un virus, ecc.)	издеп табуу	izdep tabuu
byte (m)	байт	bajt

megabyte (m)	мегабайт	megabajt
dati (m pl)	маалыматтар	maalımattar
database (m)	маалымат базасы	maalımat bazası

cavo (m)	кабель	kabelʲ
sconnettere (vt)	ажыратуу	adʒıratuu
collegare (vt)	туташтыруу	tutaʃtıruu

140. Internet. Posta elettronica

internet (f)	интернет	internet
navigatore (m)	браузер	brauzer
motore (m) di ricerca	издөө аспабы	izdøø aspabı
provider (m)	провайдер	provajder
webmaster (m)	веб-мастер	web-master
sito web (m)	веб-сайт	web-sajt
pagina web (f)	веб-баракча	web-baraktʃa
indirizzo (m)	дарек	darek
rubrica (f) indirizzi	дарек китепчеси	darek kiteptʃesi
casella (f) di posta	почта ящиги	potʃta jaʃtʃigi
posta (f)	почта	potʃta
troppo piena (agg)	толуп калган	tolup kalgan
messaggio (m)	кабар	kabar
messaggi (m pl) in arrivo	келген кабарлар	kelgen kabarlar
messaggi (m pl) in uscita	жөнөтүлгөн кабарлар	dʒønøtylgøn kabarlar
mittente (m)	жөнөтүүчү	dʒønøtyytʃy
inviare (vt)	жөнөтүү	dʒønøtyy
invio (m)	жөнөтүү	dʒønøtyy
destinatario (m)	алуучу	aluutʃu
ricevere (vt)	алуу	aluu
corrispondenza (f)	жазышуу	dʒazıʃuu
essere in corrispondenza	жазышуу	dʒazıʃuu
file (m)	файл	fajl
scaricare (vt)	жүктөө	dʒyktøø
creare (vt)	жаратуу	dʒaratuu
eliminare (vt)	жок кылуу	dʒok kıluu
eliminato (agg)	жок кылынган	dʒok kılıngan
connessione (f)	байланыш	bajlanıʃ
velocità (f)	ылдамдык	ıldamdık
modem (m)	модем	modem
accesso (m)	жеткирилүү	dʒetkirilyy
porta (f)	порт	port
collegamento (m)	туташуу	tutaʃuu
collegarsi a ...	... туташуу	... tutaʃuu

| scegliere (vt) | **тандоо** | tandoo |
| cercare (vt) | **... издее** | ... izdøø |

Mezzi di trasporto

141. Aeroplano

aereo (m)	учак	utʃak
biglietto (m) aereo	авиабилет	aviabilet
compagnia (f) aerea	авиакомпания	aviakompanija
aeroporto (m)	аэропорт	aeroport
supersonico (agg)	сверхзвуковой	sverχzvukovoj
comandante (m)	кеме командири	keme komandiri
equipaggio (m)	экипаж	ekipadʒ
pilota (m)	учкуч	utʃkutʃ
hostess (f)	стюардесса	stɯardessa
navigatore (m)	штурман	ʃturman
ali (f pl)	канаттар	kanattar
coda (f)	куйрук	kujruk
cabina (f)	кабина	kabina
motore (m)	кыймылдаткыч	kɯjmɯldatkɯtʃ
carrello (m) d'atterraggio	шасси	ʃassi
turbina (f)	турбина	turbina
elica (f)	пропеллер	propeller
scatola (f) nera	кара куту	kara kutu
barra (f) di comando	штурвал	ʃturval
combustibile (m)	күйүүчү май	kyjyytʃy may
safety card (f)	коопсуздук көрсөтмөсү	koopsuzduk kørsøtmøsy
maschera (f) ad ossigeno	кислород чүмбөтү	kislorod tʃymbøty
uniforme (f)	бир беткей кийим	bir betkey kijim
giubbotto (m) di salvataggio	куткаруучу күрмө	kutkaruutʃu kyrmø
paracadute (m)	парашют	paraʃɯt
decollo (m)	учуп көтөрүлүү	utʃup køtørylyy
decollare (vi)	учуп көтөрүлүү	utʃup køtørylyy
pista (f) di decollo	учуп чыгуу тилкеси	utʃup tʃɯguu tilkesi
visibilità (f)	көрүнүш	kørynyʃ
volo (m)	учуу	utʃuu
altitudine (f)	бийиктик	bijiktik
vuoto (m) d'aria	аба чуҥкуру	aba tʃyŋkuru
posto (m)	орун	orun
cuffia (f)	кулакчын	kulaktʃɯn
tavolinetto (m) pieghevole	буктөлмө стол	byktølmø stol
oblò (m), finestrino (m)	иллюминатор	illɯminator
corridoio (m)	өтмөк	øtmøk

142. Treno

treno (m)	поезд	poezd
elettrotreno (m)	электричка	elektritʃka
treno (m) rapido	бат жүрүүчү поезд	bat dʒyryytʃy poezd
locomotiva (f) diesel	тепловоз	teplovoz
locomotiva (f) a vapore	паровоз	parovoz
carrozza (f)	вагон	vagon
vagone (m) ristorante	вагон-ресторан	vagon-restoran
rotaie (f pl)	рельсалар	relʲsalar
ferrovia (f)	темир жолу	temir dʒolu
traversa (f)	шпала	ʃpala
banchina (f) (~ ferroviaria)	платформа	platforma
binario (m) (~ 1, 2)	жол	dʒol
semaforo (m)	семафор	semafor
stazione (f)	бекет	beket
macchinista (m)	машинист	maʃinist
portabagagli (m)	жүк ташуучу	dʒuk taʃuutʃu
cuccettista (m, f)	проводник	provodnik
passeggero (m)	жүргүнчү	dʒyrgyntʃy
controllore (m)	текшерүүчү	tekʃeryytʃy
corridoio (m)	коридор	koridor
freno (m) di emergenza	стоп-кран	stop-kran
scompartimento (m)	купе	kupe
cuccetta (f)	текче	tektʃe
cuccetta (f) superiore	үстүңкү текче	ystyŋky tektʃe
cuccetta (f) inferiore	ылдыйкы текче	ıldıjkı tektʃe
biancheria (f) da letto	жууркан-төшөк	dʒuurkan-tøʃøk
biglietto (m)	билет	bilet
orario (m)	ырааттама	ıraattama
tabellone (m) orari	табло	tablo
partire (vi)	жөнөө	dʒønøø
partenza (f)	жөнөө	dʒønøø
arrivare (di un treno)	келүү	kelyy
arrivo (m)	келүү	kelyy
arrivare con il treno	поезд менен келүү	poezd menen kelyy
salire sul treno	поездге отуруу	poezdge oturuu
scendere dal treno	поездден түшүү	poezdden tyʃyy
deragliamento (m)	кыйроо	kıjroo
deragliare (vi)	рельсадан чыгып кетүү	relʲsadan tʃıgıp ketyy
locomotiva (f) a vapore	паровоз	parovoz
fuochista (m)	от жагуучу	ot dʒaguutʃu
forno (m)	меш	meʃ
carbone (m)	көмүр	kømyr

143. Nave

nave (f)	кеме	keme
imbarcazione (f)	кеме	keme
piroscafo (m)	пароход	paroχod
barca (f) fluviale	теплоход	teploχod
transatlantico (m)	лайнер	lajner
incrociatore (m)	крейсер	krejser
yacht (m)	яхта	jaχta
rimorchiatore (m)	буксир	buksir
chiatta (f)	баржа	bardʒa
traghetto (m)	паром	parom
veliero (m)	парус	parus
brigantino (m)	бригантина	brigantina
rompighiaccio (m)	муз жаргыч кеме	muz dʒargıtʃ keme
sottomarino (m)	суу астында жүргүүчү кеме	suu astında dʒyryytʃy keme
barca (f)	кайык	kajık
scialuppa (f)	шлюпка	ʃlɥpka
scialuppa (f) di salvataggio	куткаруу шлюпкасы	kutkaruu ʃlɥpkası
motoscafo (m)	катер	kater
capitano (m)	капитан	kapitan
marittimo (m)	матрос	matros
marinaio (m)	деңизчи	deŋiztʃi
equipaggio (m)	экипаж	ekipadʒ
nostromo (m)	боцман	boʦman
mozzo (m) di nave	юнга	jɥnga
cuoco (m)	кок	kok
medico (m) di bordo	кеме доктуру	keme dokturu
ponte (m)	палуба	paluba
albero (m)	мачта	matʃta
vela (f)	парус	parus
stiva (f)	трюм	trɥm
prua (f)	тумшук	tumʃuk
poppa (f)	кеменин арткы бөлүгү	kemenin artkı bølygy
remo (m)	калак	kalak
elica (f)	винт	vint
cabina (f)	каюта	kajɥta
quadrato (m) degli ufficiali	кают-компания	kajɥt-kompanija
sala (f) macchine	машина бөлүгү	maʃina bølygy
ponte (m) di comando	капитан мостиги	kapitan mostigi
cabina (f) radiotelegrafica	радиорубка	radiorubka
onda (f)	толкун	tolkun
giornale (m) di bordo	кеме журналы	keme dʒurnalı
cannocchiale (m)	дүрбү	dyrby

campana (f)	коӊгуроо	konguroo
bandiera (f)	байрак	bajrak
cavo (m) (~ d'ormeggio)	аркан	arkan
nodo (m)	түйүн	tyjyn
ringhiera (f)	туткуч	tutkuʧ
passerella (f)	трап	trap
ancora (f)	кеме казык	keme kazık
levare l'ancora	кеме казыкты көтөрүү	keme kazıktı køtøryy
gettare l'ancora	кеме казыкты таштоо	keme kazıktı taʃtoo
catena (f) dell'ancora	казык чынжыры	kazık ʧındʒırı
porto (m)	порт	port
banchina (f)	причал	priʧal
ormeggiarsi (vr)	келип токтоо	kelip toktoo
salpare (vi)	жээктен алыстоо	dʒeekten alıstoo
viaggio (m)	саякат	sajakat
crociera (f)	деӊиз саякаты	deŋiz sajakatı
rotta (f)	курс	kurs
itinerario (m)	каттам	kattam
tratto (m) navigabile	фарватер	farvater
secca (f)	тайыз жер	tajız dʒer
arenarsi (vr)	тайыз жерге отуруу	tajız dʒerge oturuu
tempesta (f)	бороон чапкын	boroon ʧapkın
segnale (m)	сигнал	signal
affondare (andare a fondo)	чөгүү	ʧøgyy
Uomo in mare!	Сууда адам бар!	suuda adam bar!
SOS	SOS	sos
salvagente (m) anulare	куткаруучу тегерек	kutkaruuʧu tegerek

144. Aeroporto

aeroporto (m)	аэропорт	aeroport
aereo (m)	учак	uʧak
compagnia (f) aerea	авиакомпания	aviakompanija
controllore (m) di volo	авиадиспетчер	aviadispetʧer
partenza (f)	учуп кетүү	uʧup ketyy
arrivo (m)	учуп келүү	uʧup kelyy
arrivare (vi)	учуп келүү	uʧup kelyy
ora (f) di partenza	учуп кетүү убактысы	uʧup ketyy ubaktısı
ora (f) di arrivo	учуп келүү убактысы	uʧup kelyy ubaktısı
essere ritardato	кармалуу	karmaluu
volo (m) ritardato	учуп кетүүнүн кечигиши	uʧup ketyynyn keʧigiʃi
tabellone (m) orari	маалымат таблосу	maalımat tablosu
informazione (f)	маалымат	maalımat

| annunciare (vt) | кулактандыруу | kulaktandıruu |
| volo (m) | рейс | rejs |

| dogana (f) | бажыкана | badʒıkana |
| doganiere (m) | бажы кызматкери | badʒı kızmatkeri |

dichiarazione (f)	бажы декларациясы	badʒı deklaratsijası
riempire	толтуруу	tolturuu
(~ una dichiarazione)		
riempire una dichiarazione	декларация толтуруу	deklaratsija tolturuu
controllo (m) passaporti	паспорт текшерүү	pasport tekʃeryy

bagaglio (m)	жүк	dʒyk
bagaglio (m) a mano	кол жүгү	kol dʒygy
carrello (m)	араба	araba

atterraggio (m)	конуу	konuu
pista (f) di atterraggio	конуу тилкеси	konuu tilkesi
atterrare (vi)	конуу	konuu
scaletta (f) dell'aereo	трап	trap

check-in (m)	катталуу	kattaluu
banco (m) del check-in	каттоо стойкасы	kattoo stojkası
fare il check-in	катталуу	kattaluu
carta (f) d'imbarco	отуруу үчүн талон	oturuu ytʃyn talon
porta (f) d'imbarco	чыгуу	tʃıguu

transito (m)	транзит	tranzit
aspettare (vt)	күтүү	kytyy
sala (f) d'attesa	күтүү залы	kutyy zalı
accompagnare (vt)	узатуу	uzatuu
congedarsi (vr)	коштошуу	koʃtoʃuu

145. Bicicletta. Motocicletta

bicicletta (f)	велосипед	velosiped
motorino (m)	мотороллер	motoroller
motocicletta (f)	мотоцикл	mototsikl

andare in bicicletta	велосипедде жүрүү	velosipedde dʒyryy
manubrio (m)	руль	rulʲ
pedale (m)	педаль	pedalʲ
freni (m pl)	тормоз	tormoz
sellino (m)	отургуч	oturgutʃ

pompa (f)	соркыскыч	sorkıskıtʃ
portabagagli (m)	багажник	bagadʒnik
fanale (m) anteriore	фонарь	fonarʲ
casco (m)	шлем	ʃlem

ruota (f)	дөңгөлөк	døŋgøløk
parafango (m)	калкан	kalkan
cerchione (m)	дөңгөлөктүн алкагы	døŋgøløktyn alkagı
raggio (m)	чабак	tʃabak

Automobili

146. Tipi di automobile

automobile (f)	автоунаа	avtounaa
auto (f) sportiva	спорттук автоунаа	sporttuk avtounaa
limousine (f)	лимузин	limuzin
fuoristrada (m)	жолтандабас	dʒoltandabas
cabriolet (m)	кабриолет	kabriolet
pulmino (m)	микроавтобус	mikroavtobus
ambulanza (f)	тез жардам	tez dʒardam
spazzaneve (m)	кар күрөөчү машина	kar kyrøøtʃy maʃina
camion (m)	жүк ташуучу машина	dʒyk taʃuutʃu maʃina
autocisterna (f)	бензовоз	benzovoz
furgone (m)	фургон	furgon
motrice (f)	тягач	tʲagatʃ
rimorchio (m)	чиркегич	tʃirkegitʃ
confortevole (agg)	жайлуу	dʒajluu
di seconda mano	колдонулган	koldonulgan

147. Automobili. Carrozzeria

cofano (m)	капот	kapot
parafango (m)	калкан	kalkan
tetto (m)	үстү	ysty
parabrezza (m)	шамалдан тоскон айнек	ʃamaldan toskon ajnek
retrovisore (m)	арткы күзгү	artkı kyzgy
lavacristallo (m)	айнек жуугуч	ajnek dʒuugutʃ
tergicristallo (m)	щётка	ʃtʃʲotka
finestrino (m) laterale	каптал айнек	kaptal ajnek
alzacristalli (m)	айнек көтөргүч	ajnek køtørgytʃ
antenna (f)	антенна	antenna
tettuccio (m) apribile	люк	lɥk
paraurti (m)	бампер	bamper
bagagliaio (m)	жүк салгыч	dʒyk salgıtʃ
portapacchi (m)	жүк салгыч	dʒyk salgıtʃ
portiera (f)	эшик	eʃik
maniglia (f)	кармагыч	karmagıtʃ
serratura (f)	кулпу	kulpu
targa (f)	номер	nomer
marmitta (f)	глушитель	gluʃitelʲ

serbatoio (m) della benzina	бензобак	benzobak
tubo (m) di scarico	калдыктар түтүгү	kaldıktar tytygy
acceleratore (m)	газ	gaz
pedale (m)	педаль	pedalʲ
pedale (m) dell'acceleratore	газ педали	gaz pedali
freno (m)	тормоз	tormoz
pedale (m) del freno	тормоздун педалы	tormozdun pedalı
frenare (vi)	тормоз басуу	tormoz basuu
freno (m) a mano	токтомо тормозу	toktomo tormozu
frizione (f)	илиштирүү	iliʃtiryy
pedale (m) della frizione	илиштирүү педали	iliʃtiryy pedali
disco (m) della frizione	илиштирүү диски	iliʃtiryy diski
ammortizzatore (m)	амортизатор	amortizator
ruota (f)	дөңгөлөк	døŋgøløk
ruota (f) di scorta	запас дөңгөлөгү	zapas døŋgøløgy
pneumatico (m)	покрышка	pokrıʃka
copriruota (m)	жапкыч	dʒapkıtʃ
ruote (f pl) motrici	салма дөңгөлөктөр	salma døŋgøløktør
a trazione anteriore	алдыңкы дөңгөлөк салмалуу	aldıŋkı døŋgøløk salmaluu
a trazione posteriore	арткы дөңгөлөк салмалуу	artkı døŋgøløk salmaluu
a trazione integrale	бардык дөңгөлөк салмалуу	bardık døŋgøløk salmaluu
scatola (f) del cambio	бергилик куту	bergilik kutu
automatico (agg)	автоматтык	avtomattık
meccanico (agg)	механикалуу	meχanikaluu
leva (f) del cambio	бергилик кутунун жылышуусу	bergilik kutunun dʒılıʃuusu
faro (m)	фара	fara
luci (f pl), fari (m pl)	фаралар	faralar
luci (f pl) anabbaglianti	жакынкы чырак	dʒakınkı tʃırak
luci (f pl) abbaglianti	алыскы чырак	alıskı tʃırak
luci (f pl) di arresto	стоп-сигнал	stop-signal
luci (f pl) di posizione	габарит чырактары	gabarit tʃıraktarı
luci (f pl) di emergenza	авария чырактары	avarija tʃıraktarı
fari (m pl) antinebbia	туманга каршы чырактар	tumanga karʃı tʃıraktar
freccia (f)	бурулуш чырагы	buruluʃ tʃıragı
luci (f pl) di retromarcia	арткы чырак	artkı tʃırak

148. Automobili. Vano passeggeri

abitacolo (m)	салон	salon
di pelle	тери	teri
in velluto	велюр	velʉr
rivestimento (m)	каптоо	kaptoo

strumento (m) di bordo	алет	alet
cruscotto (m)	алет панели	alet paneli
tachimetro (m)	спидометр	spidometr
lancetta (f)	жебе	dʒebe

contachilometri (m)	эсептегич	eseptegitʃ
indicatore (m)	көрсөткүч	kørsøtkytʃ
livello (m)	деңгээл	dengeel
spia (f) luminosa	көрсөткүч	kørsøtkytʃ

volante (m)	руль	rulʲ
clacson (m)	сигнал	signal
pulsante (m)	баскыч	baskɪtʃ
interruttore (m)	которгуч	kotorgutʃ

sedile (m)	орун	orun
spalliera (f)	жөлөнгүч	dʒøløngytʃ
appoggiatesta (m)	баш жөлөгүч	baʃ dʒøløgytʃ
cintura (f) di sicurezza	орундук куру	orunduk kuru
allacciare la cintura	курду тагынуу	kurdu tagɪnuu
regolazione (f)	жөндөө	dʒøndøø

airbag (m)	аба жаздыкчасы	aba dʒazdɪktʃası
condizionatore (m)	аба желдеткич	aba dʒeldetkitʃ

radio (f)	үналгы	ynalgɪ
lettore (m) CD	CD-ойноткуч	sidi-ojnotkutʃ
accendere (vt)	жүргүзүү	dʒyrgyzyy
antenna (f)	антенна	antenna
vano (m) portaoggetti	колкап бөлүмү	kolkap bølymy
portacenere (m)	күл салгыч	kyl salgɪtʃ

149. Automobili. Motore

motore (m)	кыймылдаткыч	kɪjmɪldatkɪtʃ
motore (m)	мотор	motor
a diesel	дизель менен	dizelʲ menen
a benzina	бензин менен	benzin menen

cilindrata (f)	кыймылдаткычтын көлөмү	kɪjmɪldatkɪtʃtın kølømy
potenza (f)	кубатуулугу	kubatuulugu
cavallo vapore (m)	ат күчү	at kytʃy
pistone (m)	бишкек	biʃkek
cilindro (m)	цилиндр	tsilindr
valvola (f)	сарпкапкак	sarpkapkak

iniettore (m)	бүрккүч	byrkkytʃ
generatore (m)	генератор	generator
carburatore (m)	карбюратор	karbʉrator
olio (m) motore	мотор майы	motor majı

radiatore (m)	радиатор	radiator
liquido (m) di raffreddamento	суутуучу суюктук	suutuutʃu sujʉktuk

ventilatore (m)	желдеткич	ʤeldetkitʃ
batteria (m)	аккумулятор	akkumulʲator
motorino (m) d'avviamento	стартер	starter
accensione (f)	от алдыруу	ot aldıruu
candela (f) d'accensione	от алдыруу шамы	ot aldıruu ʃamı

morsetto (m)	клемма	klemma
più (m)	плюс	plʉs
meno (m)	минус	minus
fusibile (m)	эриме сактагыч	erime saktagıʧ

filtro (m) dell'aria	аба чыпкасы	aba ʧıpkası
filtro (m) dell'olio	май чыпкасы	maj ʧıpkası
filtro (m) del carburante	күйүүчү май чыпкасы	kyjyyʧy may ʧıpkası

150. Automobili. Incidente. Riparazione

incidente (m)	авто урунушу	avto urunuʃu
incidente (m) stradale	жол кырсыгы	ʤol kırsıgı
sbattere contro ...	урунуу	urunuu
avere un incidente	талкалануу	talkalanuu
danno (m)	бузулуу	buzuluu
illeso (agg)	бүтүн	bytyn

guasto (m), avaria (f)	бузулуу	buzuluu
essere rotto	бузулуп калуу	buzulup kaluu
cavo (m) di rimorchio	сүйрөө арканы	syjrøø arkanı

foratura (f)	тешилип калуу	teʃilip kaluu
essere a terra	желин чыгаруу	ʤelin ʧıgaruu
gonfiare (vt)	үйлөтүү	yjløtyy
pressione (f)	басым	basım
controllare (verificare)	текшерүү	tekʃeryy

riparazione (f)	оңдоо	oŋdoo
officina (f) meccanica	автосервис	avtoservis
pezzo (m) di ricambio	белен тетик	belen tetik
pezzo (m)	тетик	tetik

bullone (m)	буроо	buroo
bullone (m) a vite	буралма	buralma
dado (m)	бурама	burama
rondella (f)	эбелек	ebelek
cuscinetto (m)	мунакжаздам	munakʤazdam

tubo (m)	түтүк	tytyk
guarnizione (f)	төшөм	tøʃøm
filo (m), cavo (m)	зым	zım

cric (m)	домкрат	domkrat
chiave (f)	гайка ачкычы	gajka atʃkıʧı
martello (m)	балка	balka
pompa (f)	сорқыскыч	sorkıskıʧ
giravite (m)	бурагыч	buragıʧ

| estintore (m) | өрт өчүргүч | ørt øtʃyrgytʃ |
| triangolo (m) di emergenza | эскертүү үчбурчтук | eskertyy ytʃburtʃtuk |

spegnersi (vr)	өчүп калуу	øtʃyp kaluu
spegnimento (m) motore	иштебей калуу	iʃtebej kaluu
essere rotto	бузулуп калуу	buzulup kaluu

surriscaldarsi (vr)	кайнап кетүү	kajnap ketyy
intasarsi (vr)	тыгылуу	tıgıluu
ghiacciarsi (di tubi, ecc.)	тоңуп калуу	toŋup kaluu
spaccarsi (vr)	жарылып кетүү	dʒarılıp ketyy

pressione (f)	басым	basım
livello (m)	деңгээл	deŋgeel
lento (cinghia ~a)	бош	boʃ

ammaccatura (f)	кабырылуу	kabırıluu
battito (m) (nel motore)	такылдоо	takıldoo
fessura (f)	жарака	dʒaraka
graffiatura (f)	чийилип калуу	tʃijilip kaluu

151. Automobili. Strada

strada (f)	жол	dʒol
autostrada (f)	кан жол	kan dʒol
superstrada (f)	шоссе	ʃosse
direzione (f)	багыт	bagıt
distanza (f)	аралык	aralık

ponte (m)	көпүрө	køpyrø
parcheggio (m)	унаа токтоочу жай	unaa toktootʃu dʒaj
piazza (f)	аянт	ajant
svincolo (m)	баштан өйдө өткөн жол	baʃtan øjdø øtkøn dʒol
galleria (f), tunnel (m)	тоннель	tonnelʲ

distributore (m) di benzina	май куюучу станция	maj kujuutʃu stantsija
parcheggio (m)	унаа токтоочу жай	unaa toktootʃu dʒaj
pompa (f) di benzina	колонка	kolonka
officina (f) meccanica	автосервис	avtoservis
fare benzina	май куюу	maj kujuu
carburante (m)	күйүүчү май	kyjyytʃy may
tanica (f)	канистра	kanistra

asfalto (m)	асфальт	asfalʲt
segnaletica (f) stradale	салынган тамга	salıngan tamga
cordolo (m)	бордюр	bordur
barriera (f) di sicurezza	тосмо	tosmo
fosso (m)	арык	arık
ciglio (m) della strada	жол чети	dʒol tʃeti
lampione (m)	чырак мамы	tʃırak mamı

guidare (~ un veicolo)	айдоо	ajdoo
girare (~ a destra)	бурулуу	buruluu
fare un'inversione a U	артка кайтуу	artka kajtuu

retromarcia (m)	артка айдоо	artka ajdoo
suonare il clacson	сигнал берүү	signal beryy
colpo (m) di clacson	дабыш сигналы	dabıʃ signalı
incastrarsi (vr)	тыгылып калуу	tıgılıp kaluu
impantanarsi (vr)	сүйрөө	syjrøø
spegnere (~ il motore)	басаңдатуу	basaŋdatuu
velocità (f)	ылдамдык	ıldamdık
superare i limiti di velocità	ылдамдыктан ашуу	ıldamdıktan aʃuu
multare (vt)	айып салуу	ajıp saluu
semaforo (m)	светофор	svetofor
patente (f) di guida	айдоочу күбөлүгү	ajdootʃu kybølygy
passaggio (m) a livello	кесип өтмө	kesip øtmø
incrocio (m)	кесилиш	kesiliʃ
passaggio (m) pedonale	жөө жүрүүчүлөр жолу	dʒøø dʒyryytʃylør dʒolu
curva (f)	бурулуш	buruluʃ
zona (f) pedonale	жөө жүрүүчүлөр алкагы	dʒøø dʒyryytʃylør alkagı

GENTE. SITUAZIONI QUOTIDIANE

Situazioni quotidiane

152. Vacanze. Evento

festa (f)	майрам	majram
festa (f) nazionale	улуттук	uluttuk
festività (f) civile	майрам күнү	majram kyny
festeggiare (vt)	майрамдоо	majramdoo
avvenimento (m)	окуя	okuja
evento (m) (organizzare un ~)	иш-чара	iʃ-tʃara
banchetto (m)	банкет	banket
ricevimento (m)	кабыл алуу	kabıl aluu
festino (m)	той	toj
anniversario (m)	жылдык	dʒıldık
giubileo (m)	юбилей	jʉbilej
festeggiare (vt)	белгилөө	belgiløø
Capodanno (m)	Жаны жыл	dʒanı dʒıl
Buon Anno!	Жаны Жылыңар менен!	dʒanı dʒılıŋar menen!
Babbo Natale (m)	Аяз ата, Санта Клаус	ajaz ata, santa klaus
Natale (m)	Рождество	rodʒdestvo
Buon Natale!	Рождество майрамыңыз менен!	rodʒdestvo majramıŋız menen!
Albero (m) di Natale	Жаңы жылдык балаты	dʒaŋı dʒıldık balatı
fuochi (m pl) artificiali	салют	salʉt
nozze (f pl)	үйлөнүү той	yjlønyy toy
sposo (m)	күйөө	kyjøø
sposa (f)	колукту	koluktu
invitare (vt)	чакыруу	tʃakıruu
invito (m)	чакыруу	tʃakıruu
ospite (m)	конок	konok
andare a trovare	конокко баруу	konokko baruu
accogliere gli invitati	конок тосуу	konok tosuu
regalo (m)	белек	belek
offrire (~ un regalo)	белек берүү	belek beryy
ricevere i regali	белек алуу	belek aluu
mazzo (m) di fiori	десте	deste
auguri (m pl)	куттуктоо	kuttuktoo
augurare (vt)	куттуктоо	kuttuktoo

cartolina (f)	куттуктоо ачык каты	kuttuktoo atʃık katı
mandare una cartolina	ачык катты жөнөтүү	atʃık kattı dʒønøtyy
ricevere una cartolina	ачык катты алуу	atʃık kattı aluu
brindisi (m)	каалоо тилек	kaaloo tilek
offrire (~ qualcosa da bere)	ооз тийгизүү	ooz tijgizyy
champagne (m)	шампан	ʃampan
divertirsi (vr)	көңүл ачуу	kønyl atʃuu
allegria (f)	көңүлдүүлүк	kønyldyylyk
gioia (f)	кубаныч	kubanıtʃ
danza (f), ballo (m)	бий	bij
ballare (vi, vt)	бийлөө	bijløø
valzer (m)	вальс	valʲs
tango (m)	танго	tango

153. Funerali. Sepoltura

cimitero (m)	мүрзө	myrzø
tomba (f)	мүрзө	myrzø
croce (f)	крест	krest
pietra (f) tombale	мүрзө үстүндөгү жазуу	myrzø ystyndøgy dʒazuu
recinto (m)	тосмо	tosmo
cappella (f)	кичинекей чиркөө	kitʃinekej tʃirkøø
morte (f)	өлүм	ølym
morire (vi)	өлүү	ølyy
defunto (m)	маркум	markum
lutto (m)	аза	aza
seppellire (vt)	көмүү	kømyy
sede (f) di pompe funebri	ырасым бюросу	ırasım bʉrosu
funerale (m)	сөөк узатуу жана көмүү	søøk uzatuu dʒana kømyy
corona (f) di fiori	гүлчамбар	gyltʃambar
bara (f)	табыт	tabıt
carro (m) funebre	катафалк	katafalk
lenzuolo (m) funebre	кепин	kepin
corteo (m) funebre	узатуу жүрүшү	uzatuu dʒyryʃy
urna (f) funeraria	сөөк күлдүн кутусу	søøk kyldyn kutusu
crematorio (m)	крематорий	krematorij
necrologio (m)	некролог	nekrolog
piangere (vi)	ыйлоо	ıjloo
singhiozzare (vi)	боздоп ыйлоо	bozdop ıjloo

154. Guerra. Soldati

plotone (m)	взвод	vzvod
compagnia (f)	рота	rota

reggimento (m)	полк	polk
esercito (m)	армия	armija
divisione (f)	дивизия	divizija
distaccamento (m)	отряд	otrˈad
armata (f)	куралдуу аскер	kuralduu asker
soldato (m)	аскер	asker
ufficiale (m)	офицер	ofitser
soldato (m) semplice	катардагы жоокер	katardagı dʒooker
sergente (m)	сержант	serdʒant
tenente (m)	лейтенант	lejtenant
capitano (m)	капитан	kapitan
maggiore (m)	майор	major
colonnello (m)	полковник	polkovnik
generale (m)	генерал	general
marinaio (m)	деңизчи	deŋiztʃi
capitano (m)	капитан	kapitan
nostromo (m)	боцман	botsman
artigliere (m)	артиллерист	artillerist
paracadutista (m)	десантник	desantnik
pilota (m)	учкуч	utʃkutʃ
navigatore (m)	штурман	ʃturman
meccanico (m)	механик	meχanik
geniere (m)	сапёр	sapˈor
paracadutista (m)	парашютист	paraʃutist
esploratore (m)	чалгынчы	tʃalgıntʃı
cecchino (m)	көзатар	køzatar
pattuglia (f)	жол-күзөт	dʒol-kyzøt
pattugliare (vt)	жол-күзөткө чыгуу	dʒol-kyzøtkø tʃıguu
sentinella (f)	сакчы	saktʃı
guerriero (m)	жоокер	dʒooker
patriota (m)	мекенчил	mekentʃil
eroe (m)	баатыр	baatır
eroina (f)	баатыр айым	baatır ajım
traditore (m)	чыккынчы	tʃıkkıntʃı
tradire (vt)	кыянаттык кылуу	kıjanattık kıluu
disertore (m)	качкын	katʃkın
disertare (vi)	качуу	katʃuu
mercenario (m)	жалданма	dʒaldanma
recluta (f)	жаңы алынган аскер	dʒaŋı alıngan asker
volontario (m)	ыктыярчы	ıktıjartʃı
ucciso (m)	өлтүрүлгөн	øltyrylgøn
ferito (m)	жарадар	dʒaradar
prigioniero (m) di guerra	туткун	tutkun

155. Guerra. Azioni militari. Parte 1

guerra (f)	согуш	soguʃ
essere in guerra	согушуу	soguʃuu
guerra (f) civile	жарандык согуш	dʒarandık soguʃ
perfidamente	жүзү каралык менен	dʒyzy karalık menen
	кол салуу	kol saluu
dichiarazione (f) di guerra	согушту жарыялоо	soguʃtu dʒarıjaloo
dichiarare (~ guerra)	согуш жарыялоо	soguʃ dʒarıjaloo
aggressione (f)	агрессия	agressija
attaccare (vt)	кол салуу	kol saluu
invadere (vt)	басып алуу	basıp aluu
invasore (m)	баскынчы	baskıntʃı
conquistatore (m)	басып алуучу	basıp aluutʃu
difesa (f)	коргонуу	korgonuu
difendere (~ un paese)	коргоо	korgoo
difendersi (vr)	коргонуу	korgonuu
nemico (m)	душман	duʃman
avversario (m)	каршылаш	karʃılaʃ
ostile (agg)	душмандын	duʃmandın
strategia (f)	стратегия	strategija
tattica (f)	тактика	taktika
ordine (m)	буйрук	bujruk
comando (m)	команда	komanda
ordinare (vt)	буйрук берүү	bujruk beryy
missione (f)	тапшырма	tapʃırma
segreto (agg)	жашыруун	dʒaʃıruun
battaglia (f)	салгылаш	salgılaʃ
battaglia (f)	согуш	soguʃ
combattimento (m)	салгылаш	salgılaʃ
attacco (m)	чабуул	tʃabuul
assalto (m)	чабуул	tʃabuul
assalire (vt)	чабуул жасоо	tʃabuul dʒasoo
assedio (m)	тегеректеп курчоо	tegerektep kurtʃoo
offensiva (f)	чабуул	tʃabuul
passare all'offensiva	чабуул салуу	tʃabuul saluu
ritirata (f)	чегинүү	tʃeginyy
ritirarsi (vr)	чегинүү	tʃeginyy
accerchiamento (m)	курчоо	kurtʃoo
accerchiare (vt)	курчоого алуу	kurtʃoogo aluu
bombardamento (m)	бомба жаадыруу	bomba dʒaadıruu
lanciare una bomba	бомба таштоо	bomba taʃtoo
bombardare (vt)	бомба жаадыруу	bomba dʒaadıruu

143

esplosione (f)	жарылуу	dʒarıluu
sparo (m)	атылуу	atıluu
sparare un colpo	атуу	atuu
sparatoria (f)	атуу	atuu

puntare su ...	мээлөө	meeløø
puntare (~ una pistola)	мээлөө	meeløø
colpire (~ il bersaglio)	тийүү	tijyy

affondare (mandare a fondo)	чөктүрүү	tʃøktyryy
falla (f)	тешик	teʃik
affondare (andare a fondo)	суу астына кетүү	suu astına ketyy

fronte (m) (~ di guerra)	майдан	majdan
evacuazione (f)	эвакуация	evakuatsija
evacuare (vt)	эвакуациялоо	evakuatsijaloo

trincea (f)	окоп	okop
filo (m) spinato	тикендүү зым	tikendyy zım
sbarramento (m)	тосмо	tosmo
torretta (f) di osservazione	мунара	munara

ospedale (m) militare	госпиталь	gospitalʲ
ferire (vt)	жарадар кылуу	dʒaradar kıluu
ferita (f)	жара	dʒara
ferito (m)	жарадар	dʒaradar
rimanere ferito	жаракат алуу	dʒarakat aluu
grave (ferita ~)	оор жаракат	oor dʒarakat

156. Armi

armi (f pl)	курал	kural
arma (f) da fuoco	курал жарак	kural dʒarak
arma (f) bianca	атылбас курал	atılbas kural

armi (f pl) chimiche	химиялык курал	χimijalık kural
nucleare (agg)	ядерлүү	jaderlyy
armi (f pl) nucleari	ядерлүү курал	jaderlyy kural

| bomba (f) | бомба | bomba |
| bomba (f) atomica | атом бомбасы | atom bombası |

pistola (f)	тапанча	tapantʃa
fucile (m)	мылтык	mıltık
mitra (m)	автомат	avtomat
mitragliatrice (f)	пулемёт	pulemʲot

bocca (f)	мылтыктын оозу	mıltıktın oozu
canna (f)	ствол	stvol
calibro (m)	калибр	kalibr

grilletto (m)	курок	kurok
mirino (m)	кароолго алуу	karoolgo aluu
caricatore (m)	магазин	magazin

calcio (m)	кундак	kyndak
bomba (f) a mano	граната	granata
esplosivo (m)	жарылуучу зат	dʒarıluutʃu zat

pallottola (f)	ок	ok
cartuccia (f)	патрон	patron
carica (f)	дүрмөк	dyrmøk
munizioni (f pl)	ок-дары	ok-darı

bombardiere (m)	бомбалоочу	bombalootʃu
aereo (m) da caccia	кыйраткыч учак	kıjratkıtʃ utʃak
elicottero (m)	вертолёт	vertolʲot

cannone (m) antiaereo	зенитка	zenitka
carro (m) armato	танк	tank
cannone (m)	замбирек	zambirek

artiglieria (f)	артиллерия	artillerija
cannone (m)	замбирек	zambirek
mirare a ...	мээлөө	meeløø

proiettile (m)	снаряд	snarʲad
granata (f) da mortaio	мина	mina
mortaio (m)	миномёт	minomʲot
scheggia (f)	сыныктар	sınıktar

sottomarino (m)	суу астында жүрүүчү кеме	suu astında dʒyryytʃy keme
siluro (m)	торпеда	torpeda
missile (m)	ракета	raketa

caricare (~ una pistola)	октоо	oktoo
sparare (vi)	атуу	atuu
puntare su ...	мээлөө	meeløø
baionetta (f)	найза	najza

spada (f)	шпага	ʃpaga
sciabola (f)	кылыч	kılıtʃ
lancia (f)	найза	najza
arco (m)	жаа	dʒaa
freccia (f)	жебе	dʒebe
moschetto (m)	мушкет	muʃket
balestra (f)	арбалет	arbalet

157. Gli antichi

primitivo (agg)	алгачкы	algatʃkı
preistorico (agg)	тарыхтан илгери	tarıxtan ilgeri
antico (agg)	байыркы	bajırkı

Età (f) della pietra	Таш доору	taʃ dooru
Età (f) del bronzo	Коло доору	kolo dooru
epoca (f) glaciale	Муз доору	muz dooru
tribù (f)	уруу	uruu

cannibale (m)	адам жегич	adam dʒegitʃ
cacciatore (m)	аңчы	aŋtʃı
cacciare (vt)	аңчылык кылуу	aŋtʃılık kıluu
mammut (m)	мамонт	mamont

caverna (f), grotta (f)	үңкүр	yŋkyr
fuoco (m)	от	ot
falò (m)	от	ot
pittura (f) rupestre	ташка чегерилген сүрөт	taʃka tʃegerilgen syrøt

strumento (m) di lavoro	эмгек куралы	emgek kuralı
lancia (f)	найза	najza
ascia (f) di pietra	таш балта	taʃ balta
essere in guerra	согушуу	soguʃuu
addomesticare (vt)	колго көндүрүү	kolgo køndyryy

idolo (m)	бут	but
idolatrare (vt)	сыйынуу	sıjınuu
superstizione (f)	жок нерсеге ишенүү	dʒok nersege iʃenyy
rito (m)	ырым-жырым	ırım-dʒırım

evoluzione (f)	эволюция	evolʉtsija
sviluppo (m)	өнүгүү	ønygyy
estinzione (f)	жок болуу	dʒok boluu
adattarsi (vr)	ылайыкташуу	ılajıktaʃuu

archeologia (f)	археология	arχeologija
archeologo (m)	археолог	arχeolog
archeologico (agg)	археологиялык	arχeologijalık

sito (m) archeologico	казуу жери	kazuu dʒeri
scavi (m pl)	казуу иштери	kazuu iʃteri
reperto (m)	табылга	tabılga
frammento (m)	фрагмент	fragment

158. Il Medio Evo

popolo (m)	эл	el
popoli (m pl)	элдер	elder
tribù (f)	уруу	uruu
tribù (f pl)	уруулар	uruular

barbari (m pl)	варварлар	varvarlar
galli (m pl)	галлдар	galldar
goti (m pl)	готтор	gottor
slavi (m pl)	славяндар	slavʲandar
vichinghi (m pl)	викингдер	vikingder

romani (m pl)	римдиктер	rimdikter
romano (agg)	римдик	rimdik

bizantini (m pl)	византиялыктар	vizantijalıktar
Bisanzio (m)	Византия	vizantija
bizantino (agg)	византиялык	vizantijalık

imperatore (m)	император	imperator
capo (m)	башчы	baʃtʃı
potente (un re ~)	кудуреттүү	kudurettyy
re (m)	король, падыша	korolʲ, padıʃa
governante (m) (sovrano)	башкаруучу	baʃkaruutʃu
cavaliere (m)	рыцарь	rıtsarʲ
feudatario (m)	феодал	feodal
feudale (agg)	феодалдуу	feodalduu
vassallo (m)	вассал	vassal
duca (m)	герцог	gertsog
conte (m)	граф	graf
barone (m)	барон	baron
vescovo (m)	епископ	episkop
armatura (f)	курал жана соот-шайман	kural dʒana soot-ʃajman
scudo (m)	калкан	kalkan
spada (f)	кылыч	kılıtʃ
visiera (f)	туулганын бет калканы	tuulganın bet kalkanı
cotta (f) di maglia	зоот	zoot
crociata (f)	крест астындагы черүү	krest astındagı tʃeryy
crociato (m)	черүүгө чыгуучу	tʃeryygø tʃıguutʃu
territorio (m)	аймак	ajmak
attaccare (vt)	кол салуу	kol saluu
conquistare (vt)	ээ болуу	ee boluu
occupare (invadere)	басып алуу	basıp aluu
assedio (m)	тегеректеп курчоо	tegerektep kurtʃoo
assediato (agg)	курчалган	kurtʃalgan
assediare (vt)	курчоого алуу	kurtʃoogo aluu
inquisizione (f)	инквизиция	inkvizitsija
inquisitore (m)	инквизитор	inkvizitor
tortura (f)	кыйноо	kıjnoo
crudele (agg)	ырайымсыз	ırajımsız
eretico (m)	еретик	eretik
eresia (f)	ересь	eresʲ
navigazione (f)	деңизде сүзүү	deŋizde syzyy
pirata (m)	деңиз каракчысы	deŋiz karaktʃısı
pirateria (f)	деңиз каракчылыгы	deŋiz karaktʃılıgı
arrembaggio (m)	абордаж	abordadʒ
bottino (m)	олжо	oldʒo
tesori (m)	казына	kazına
scoperta (f)	ачылыш	atʃılıʃ
scoprire (~ nuove terre)	таап ачуу	taap atʃuu
spedizione (f)	экспедиция	ekspeditsija
moschettiere (m)	мушкетёр	muʃketʲor
cardinale (m)	кардинал	kardinal
araldica (f)	геральдика	geralʲdika
araldico (agg)	гералдык	geraldık

159. Leader. Capo. Le autorità

re (m)	король, падыша	koroli, padıʃa
regina (f)	ханыша	χanıʃa
reale (agg)	падышалык	padıʃalık
regno (m)	падышалык	padıʃalık
principe (m)	канзаада	kanzaada
principessa (f)	ханбийке	χanbijke
presidente (m)	президент	prezident
vicepresidente (m)	вице-президент	vitse-prezident
senatore (m)	сенатор	senator
monarca (m)	монарх	monarχ
governante (m) (sovrano)	башкаруучу	baʃkaruuʧu
dittatore (m)	диктатор	diktator
tiranno (m)	зулум	zulum
magnate (m)	магнат	magnat
direttore (m)	директор	direktor
capo (m)	башчы	baʧı
dirigente (m)	башкаруучу	baʃkaruuʧu
capo (m)	шеф	ʃef
proprietario (m)	кожоюн	kodʒodʒun
leader (m)	алдыңкы катардагы	aldıŋkı katardagı
capo (m) (~ delegazione)	башчы	baʧı
autorità (f pl)	бийликтер	bijlikter
superiori (m pl)	башчылар	baʧılar
governatore (m)	губернатор	gubernator
console (m)	консул	konsul
diplomatico (m)	дипломат	diplomat
sindaco (m)	мэр	mer
sceriffo (m)	шериф	ʃerif
imperatore (m)	император	imperator
zar (m)	падыша	padıʃa
faraone (m)	фараон	faraon
khan (m)	хан	χan

160. Infrangere la legge. Criminali. Parte 1

bandito (m)	ууру-кески	uuru-keski
delitto (m)	кылмыш	kılmıʃ
criminale (m)	кылмышкер	kılmıʃker
ladro (m)	ууру	uuru
rubare (vi, vt)	уурдоо	uurdoo
ruberia (f)	уруулук	uruuluk
reato (m) di furto	уурдоо	uurdoo
rapire (vt)	ала качуу	ala katʃuu

rapimento (m)	ала качуу	ala katʃuu
rapitore (m)	ала качуучу	ala katʃuutʃu

riscatto (m)	кутказуу акчасы	kutkazuu aktʃası
chiedere il riscatto	кутказуу акчага	kutkazuu aktʃaga
	талап коюу	talap kojʉu

rapinare (vt)	тоноо	tonoo
rapina (f)	тоноо	tonoo
rapinatore (m)	тоноочу	tonootʃu

estorcere (vt)	опузалоо	opuzaloo
estorsore (m)	опузалоочу	opuzalootʃu
estorsione (f)	опуза	opuza

uccidere (vt)	өлтүрүү	øltyryy
assassinio (m)	өлтүрүү	øltyryy
assassino (m)	киши өлтүргүч	kiʃi øltyrgytʃ

sparo (m)	атылуу	atıluu
tirare un colpo	атуу	atuu
abbattere (con armi da fuoco)	атып салуу	atıp saluu
sparare (vi)	атуу	atuu
sparatoria (f)	атышуу	atıʃuu

incidente (m) (rissa, ecc.)	окуя	okuja
rissa (f)	уруш	uruʃ
Aiuto!	Жардамга!	dʒardamga!
vittima (f)	жапа чеккен	dʒapa tʃekken

danneggiare (vt)	зыян келтирүү	zıjan keltiryy
danno (m)	залал	zalal
cadavere (m)	өлүк	ølyk
grave (reato ~)	оор	oor

aggredire (vt)	кол салуу	kol saluu
picchiare (vt)	уруу	uruu
malmenare (picchiare)	ур-токмокко алуу	ur-tokmokko aluu
sottrarre (vt)	тартып алуу	tartıp aluu
accoltellare a morte	союп өлтүрүү	sojʉp øltyryy
mutilare (vt)	майып кылуу	majıp kıluu
ferire (vt)	жарадар кылуу	dʒaradar kıluu

ricatto (m)	шантаж кылуу	ʃantadʒ kıluu
ricattare (vt)	шантаждоо	ʃantadʒdoo
ricattatore (m)	шантажист	ʃantadʒist

estorsione (f)	рэкет	reket
estortore (m)	рэкетир	reketir
gangster (m)	гангстер	gangster
mafia (f)	мафия	mafija

borseggiatore (m)	чөнтөк ууру	tʃøntøk uuru
scassinatore (m)	бузуп алуучу ууру	buzup aluutʃu uuru
contrabbando (m)	контрабанда	kontrabanda
contrabbandiere (m)	контрабандачы	kontrabandatʃı

falsificazione (f)	окшотуп жасоо	okʃotup dʒasoo
falsificare (vt)	жасалмалоо	dʒasalmaloo
falso, falsificato (agg)	жасалма	dʒasalma

161. Infrangere la legge. Criminali. Parte 2

stupro (m)	зордуктоо	zorduktoo
stuprare (vt)	зордуктоо	zorduktoo
stupratore (m)	зордукчул	zorduktʃul
maniaco (m)	маньяк	manjak
prostituta (f)	сойку	sojku
prostituzione (f)	сойкучулук	sojkutʃuluk
magnaccia (m)	жак бакты	dʒak baktı
drogato (m)	баҥги	baŋgi
trafficante (m) di droga	баҥгизат сатуучу	baŋgizat satuutʃu
far esplodere	жардыруу	dʒardıruu
esplosione (f)	жарылуу	dʒarıluu
incendiare (vt)	өрттөө	ørttøø
incendiario (m)	өрттөөчү	ørttøøtʃy
terrorismo (m)	терроризм	terrorizm
terrorista (m)	террорист	terrorist
ostaggio (m)	заложник	zalodʒnik
imbrogliare (vt)	алдоо	aldoo
imbroglio (m)	алдамчылык	aldamtʃılık
imbroglione (m)	алдамчы	aldamtʃı
corrompere (vt)	сатып алуу	satıp aluu
corruzione (f)	сатып алуу	satıp aluu
bustarella (f)	пара	para
veleno (m)	уу	uu
avvelenare (vt)	ууландыруу	uulandıruu
avvelenarsi (vr)	ууланүу	uulanuu
suicidio (m)	жанын кыюу	dʒanın kıdʒuu
suicida (m)	жанын кыйгыч	dʒanın kıjgıtʃ
minacciare (vt)	коркутуу	korkutuu
minaccia (f)	коркунуч	korkunutʃ
attentare (vi)	кол салуу	kol saluu
attentato (m)	кол салуу	kol saluu
rubare (~ una macchina)	айдап кетүү	ajdap ketyy
dirottare (~ un aereo)	ала качуу	ala katʃuu
vendetta (f)	кек	kek
vendicare (vt)	өч алуу	øtʃ aluu
torturare (vt)	кыйноо	kıjnoo
tortura (f)	кыйноо	kıjnoo

maltrattare (vt)	азапка салуу	azapka saluu
pirata (m)	дениз каракчысы	deŋiz karakʧısı
teppista (m)	бейбаш	bejbaʃ
armato (agg)	куралданган	kuraldangan
violenza (f)	зордук	zorduk
illegale (agg)	мыйзамдан тыш	mıjzamdan tıʃ
spionaggio (m)	тыңчылык	tıŋʧılık
spiare (vi)	тыңчылык кылуу	tıŋʧılık kıluu

162. Polizia. Legge. Parte 1

giustizia (f)	адилеттүү сот	adilettyy sot
tribunale (m)	сот	sot
giudice (m)	сот	sot
giurati (m)	сот калыстары	sot kalıstarı
processo (m) con giuria	калыстар соту	sot
giudicare (vt)	сотко тартуу	sotko tartuu
avvocato (m)	жактоочу	dʒaktooʧu
imputato (m)	сот жообуна тартылган киши	sot dʒoobuna tartılgan kiʃi
banco (m) degli imputati	соттуулар отуруучу орун	sottuular oturuuʧu orun
accusa (f)	айыптоо	ajıptoo
accusato (m)	айыпталуучу	ajıptaluuʧu
condanna (f)	өкүм	økym
condannare (vt)	өкүм чыгаруу	økym ʧıgaruu
colpevole (m)	күнөөкөр	kynøøkør
punire (vt)	жазалоо	dʒazaloo
punizione (f)	жаза	dʒaza
multa (f), ammenda (f)	айып	ajıp
ergastolo (m)	өмүр бою	ømyr bojʉ
pena (f) di morte	өлүм жазасы	ølym dʒazası
sedia (f) elettrica	электр столу	elektr stolu
impiccagione (f)	дарга	darga
giustiziare (vt)	өлүм жазасын аткаруу	ølym dʒazasın atkaruu
esecuzione (f)	өлүм жазасын аткаруу	ølym dʒazasın atkaruu
prigione (f)	түрмө	tyrmø
cella (f)	камера	kamera
scorta (f)	конвой	konvoj
guardia (f) carceraria	түрмө сакчысы	tyrmø sakʧısı
prigioniero (m)	камактагы адам	kamaktagı adam
manette (f pl)	кишен	kiʃen
mettere le manette	кишен кийгизүү	kiʃen kijgizyy
fuga (f)	качуу	kaʧuu

151

fuggire (vi)	качуу	katʃuu
scomparire (vi)	жоголуп кетүү	dʒogolup ketyy
liberare (vt)	бошотуу	boʃotuu
amnistia (f)	амнистия	amnistija

polizia (f)	полиция	politsija
poliziotto (m)	полиция кызматкери	politsija kızmatkeri
commissariato (m)	полиция бөлүмү	politsija bølymy
manganello (m)	резина союлчасы	rezina sojultʃası
altoparlante (m)	керней	kernej

macchina (f) di pattuglia	жол күзөт машинасы	dʒol kyzøt maʃinası
sirena (f)	сирена	sirena
mettere la sirena	сиренаны басуу	sirenanı basuu
suono (m) della sirena	сиренанын боздошу	sirenanın bozdoʃu

luogo (m) del crimine	кылмыш болгон жер	kılmıʃ bolgon dʒer
testimone (m)	күбө	kybø
libertà (f)	эркиндик	erkindik
complice (m)	шерик	ʃerik
fuggire (vi)	из жашыруу	iz dʒaʃıruu
traccia (f)	из	iz

163. Polizia. Legge. Parte 2

ricerca (f) (~ di un criminale)	издөө	izdøø
cercare (vt)	... издөө	... izdøø
sospetto (m)	шек	ʃek
sospetto (agg)	шектүү	ʃektyy
fermare (vt)	токтотуу	toktotuu
arrestare (qn)	кармоо	karmoo

causa (f)	иш	iʃ
inchiesta (f)	териштирүү	teriʃtiryy
detective (m)	аңдуучу	aŋduutʃu
investigatore (m)	тергөөчү	tergøøtʃy
versione (f)	жоромол	dʒoromol

movente (m)	себеп	sebep
interrogatorio (m)	сурак	surak
interrogare (sospetto)	суракка алуу	surakka aluu
interrogare (vicini)	сураштыруу	suraʃtıruu
controllo (m) (~ di polizia)	текшерүү	tekʃeryy

retata (f)	тегеректөө	tegerektøø
perquisizione (f)	тинтүү	tintyy
inseguimento (m)	куу	kuu
inseguire (vt)	изине түшүү	izine tyʃyy
essere sulle tracce	изине түшүү	izine tyʃyy

arresto (m)	камак	kamak
arrestare (qn)	камакка алуу	kamakka aluu
catturare (~ un ladro)	кармоо	karmoo
cattura (f)	колго түшүрүү	kolgo tyʃyryy

documento (m)	документ	dokument
prova (f), reperto (m)	далил	dalil
provare (vt)	далилдөө	dalildøø
impronta (f) del piede	из	iz
impronte (f pl) digitali	манжанын изи	mandʒanın izi
elemento (m) di prova	далил	dalil
alibi (m)	алиби	alibi
innocente (agg)	бейкүнөө	bejkynøø
ingiustizia (f)	адилетсиздик	adiletsizdik
ingiusto (agg)	адилетсиз	adiletsiz
criminale (agg)	кылмыштуу	kılmıʃtuu
confiscare (vt)	тартып алуу	tartıp aluu
droga (f)	баңгизат	baŋgizat
armi (f pl)	курал	kural
disarmare (vt)	куралсыздандыруу	kuralsızdandıruu
ordinare (vt)	буйрук берүү	bujruk beryy
sparire (vi)	жоголуп кетүү	dʒogolup ketyy
legge (f)	мыйзам	mıjzam
legale (agg)	мыйзамдуу	mıjzamduu
illegale (agg)	мыйзамдан тыш	mıjzamdan tıʃ
responsabilità (f)	жоопкерчилик	dʒoopkertʃilik
responsabile (agg)	жоопкерчиликтүү	dʒoopkertʃiliktyy

LA NATURA

La Terra. Parte 1

164. L'Universo

cosmo (m)	космос	kosmos
cosmico, spaziale (agg)	космос	kosmos
spazio (m) cosmico	космос мейкиндиги	kosmos mejkindigi
mondo (m)	дүйнө	dyjnø
universo (m)	аалам	aalam
galassia (f)	галактика	galaktika
stella (f)	жылдыз	dʒıldız
costellazione (f)	жылдыздар	dʒıldızdar
pianeta (m)	планета	planeta
satellite (m)	жолдош	dʒoldoʃ
meteorite (m)	метеорит	meteorit
cometa (f)	комета	kometa
asteroide (m)	астероид	asteroid
orbita (f)	орбита	orbita
ruotare (vi)	айлануу	ajlanuu
atmosfera (f)	атмосфера	atmosfera
il Sole	күн	kyn
sistema (m) solare	күн системасы	kyn sistemasɪ
eclisse (f) solare	күндүн тутулушу	kyndyn tutuluʃu
la Terra	Жер	dʒer
la Luna	Ай	aj
Marte (m)	Марс	mars
Venere (f)	Венера	venera
Giove (m)	Юпитер	jʉpiter
Saturno (m)	Сатурн	saturn
Mercurio (m)	Меркурий	merkurij
Urano (m)	Уран	uran
Nettuno (m)	Нептун	neptun
Plutone (m)	Плутон	pluton
Via (f) Lattea	Саманчынын жолу	samantʃının dʒolu
Orsa (f) Maggiore	Чоң Жетиген	tʃoŋ dʒetigen
Stella (f) Polare	Полярдык Жылдыз	polʲardık dʒıldız
marziano (m)	марсианин	marsianin
extraterrestre (m)	инопланетянин	inoplanetʲanin

alieno (m)	келгин	kelgin
disco (m) volante	учуучу табак	uʧuutʃu tabak
nave (f) spaziale	космос кемеси	kosmos kemesi
stazione (f) spaziale	орбитадагы станция	orbitadagı stantsija
lancio (m)	старт	start
motore (m)	кыймылдаткыч	kıjmıldatkıʧ
ugello (m)	сопло	soplo
combustibile (m)	күйгүчү май	kyjyytʃy may
cabina (f) di pilotaggio	кабина	kabina
antenna (f)	антенна	antenna
oblò (m)	иллюминатор	illʉminator
batteria (f) solare	күн батареясы	kyn batarejası
scafandro (m)	скафандр	skafandr
imponderabilità (f)	салмаксыздык	salmaksızdık
ossigeno (m)	кислород	kislorod
aggancio (m)	жалгаштыруу	dʒalgaʃtıruu
agganciarsi (vr)	жалгаштыруу	dʒalgaʃtıruu
osservatorio (m)	обсерватория	observatorija
telescopio (m)	телескоп	teleskop
osservare (vt)	байкоо	bajkoo
esplorare (vt)	изилдөө	izildøø

165. La Terra

la Terra	Жер	dʒer
globo (m) terrestre	жер шары	dʒer ʃarı
pianeta (m)	планета	planeta
atmosfera (f)	атмосфера	atmosfera
geografia (f)	география	geografija
natura (f)	табийгат	tabijgat
mappamondo (m)	глобус	globus
carta (f) geografica	карта	karta
atlante (m)	атлас	atlas
Europa (f)	Европа	evropa
Asia (f)	Азия	azija
Africa (f)	Африка	afrika
Australia (f)	Австралия	avstralija
America (f)	Америка	amerika
America (f) del Nord	Северная Америка	severnaja amerika
America (f) del Sud	Южная Америка	jʉdʒnaja amerika
Antartide (f)	Антарктида	antarktida
Artico (m)	Арктика	arktika

166. Punti cardinali

nord (m)	түндүк	tyndyk
a nord	түндүккө	tyndykkø
al nord	түндүктө	tyndyktø
del nord (agg)	түндүк	tyndyk
sud (m)	түштүк	tyʃtyk
a sud	түштүккө	tyʃtykkø
al sud	түштүктө	tyʃtyktø
del sud (agg)	түштүк	tyʃtyk
ovest (m)	батыш	batıʃ
a ovest	батышка	batıʃka
all'ovest	батышта	batıʃta
dell'ovest, occidentale	батыш	batıʃ
est (m)	чыгыш	ʧıgıʃ
a est	чыгышка	ʧıgıʃka
all'est	чыгышта	ʧıgıʃta
dell'est, orientale	чыгыш	ʧıgıʃ

167. Mare. Oceano

mare (m)	деңиз	deŋiz
oceano (m)	мухит	muχit
golfo (m)	булуң	buluŋ
stretto (m)	кысык	kısık
terra (f) (terra firma)	жер	dʒer
continente (m)	материк	materik
isola (f)	арал	aral
penisola (f)	жарым арал	dʒarım aral
arcipelago (m)	архипелаг	arχipelag
baia (f)	булуң	buluŋ
porto (m)	гавань	gavanʲ
laguna (f)	лагуна	laguna
capo (m)	тумшук	tumʃuk
atollo (m)	атолл	atoll
scogliera (f)	риф	rif
corallo (m)	маржан	mardʒan
barriera (f) corallina	маржан рифи	mardʒan rifi
profondo (agg)	терең	tereŋ
profondità (f)	тереңдик	tereŋdik
abisso (m)	түбү жок	tyby dʒok
fossa (f) (~ delle Marianne)	ойдуң	ojduŋ
corrente (f)	агым	agım
circondare (vt)	курчап туруу	kurʧap turuu

| litorale (m) | жээк | dʒeek |
| costa (f) | жээк | dʒeek |

alta marea (f)	суунун көтөрүлүшү	suunun køtørylyʃy
bassa marea (f)	суунун тартылуусу	suunun tartıluusu
banco (m) di sabbia	тайыздык	tajızdık
fondo (m)	суунун түбү	suunun tyby

onda (f)	толкун	tolkun
cresta (f) dell'onda	толкундун кыры	tolkundun kırı
schiuma (f)	көбүк	købyk

tempesta (f)	бороон чапкын	boroon tʃapkın
uragano (m)	бороон	boroon
tsunami (m)	цунами	tsunami
bonaccia (f)	штиль	ʃtilʲ
tranquillo (agg)	тынч	tıntʃ

| polo (m) | уюл | ujʉl |
| polare (agg) | полярдык | polʲardık |

latitudine (f)	кеӊдик	keŋdik
longitudine (f)	узундук	uzunduk
parallelo (m)	параллель	parallelʲ
equatore (m)	экватор	ekvator

cielo (m)	асман	asman
orizzonte (m)	горизонт	gorizont
aria (f)	аба	aba

faro (m)	маяк	majak
tuffarsi (vr)	сүӊгүү	syŋgyy
affondare (andare a fondo)	чөгүп кетүү	tʃøgyp ketyy
tesori (m)	казына	kazına

168. Montagne

monte (m), montagna (f)	тоо	too
catena (f) montuosa	тоо тизмеги	too tizmegi
crinale (m)	тоо кыркалары	too kırkaları

cima (f)	чоку	tʃoku
picco (m)	чоку	tʃoku
piedi (m pl)	тоо этеги	too etegi
pendio (m)	эӊкейиш	eŋkejiʃ

vulcano (m)	вулкан	vulkan
vulcano (m) attivo	күйүп жаткан	kyjyp dʒatkan
vulcano (m) inattivo	өчүп калган вулкан	øtʃyp kalgan vulkan

eruzione (f)	атырылып чыгуу	atırılıp tʃıguu
cratere (m)	кратер	krater
magma (m)	магма	magma
lava (f)	лава	lava

fuso (lava ~a)	кызыган	kɪzɪgan
canyon (m)	каньон	kanʲon
gola (f)	капчыгай	kaptʃɪgaj
crepaccio (m)	жарака	dʒaraka
precipizio (m)	жар	dʒar
passo (m), valico (m)	ашуу	aʃuu
altopiano (m)	дөңсөө	døŋsøø
falesia (f)	зоока	zooka
collina (f)	дебе	døbø
ghiacciaio (m)	муз	muz
cascata (f)	шаркыратма	ʃarkɪratma
geyser (m)	гейзер	gejzer
lago (m)	көл	køl
pianura (f)	түздүк	tyzdyk
paesaggio (m)	теребел	terebel
eco (f)	жаңырык	dʒaŋɪrɪk
alpinista (m)	альпинист	alʲpinist
scalatore (m)	скалолаз	skalolaz
conquistare (~ una cima)	багындыруу	bagɪndɪruu
scalata (f)	тоонун чокусуна чыгуу	toonun tʃokusuna tʃɪguu

169. Fiumi

fiume (m)	дарыя	darɪja
fonte (f) (sorgente)	булак	bulak
letto (m) (~ del fiume)	сай	saj
bacino (m)	бассейн	bassejn
sfociare nel ...	... куюу	... kujʉu
affluente (m)	куйма	kujma
riva (f)	жээк	dʒeek
corrente (f)	агым	agɪm
a valle	агым боюнча	agɪm bojʉntʃa
a monte	агымга каршы	agɪmga karʃɪ
inondazione (f)	ташкын	taʃkɪn
piena (f)	суу ташкыны	suu taʃkɪnɪ
strabripare (vi)	дайранын ташышы	dajranɪn taʃɪʃɪ
inondare (vt)	суу каптоо	suu kaptoo
secca (f)	тайыздык	tajɪzdɪk
rapida (f)	босого	bosogo
diga (f)	тогоон	togoon
canale (m)	канал	kanal
bacino (m) di riserva	суу сактагыч	suu saktagɪtʃ
chiusa (f)	шлюз	ʃlʉz
specchio (m) d'acqua	көлмө	kølmø
palude (f)	саз	saz

| pantano (m) | баткак | batkak |
| vortice (m) | айлампа | ajlampa |

ruscello (m)	суу	suu
potabile (agg)	ичилчу суу	itʃiltʃy suu
dolce (di acqua ~)	тузсуз	tuzsuz

| ghiaccio (m) | муз | muz |
| ghiacciarsi (vr) | тоңуп калуу | toŋup kaluu |

170. Foresta

| foresta (f) | токой | tokoj |
| forestale (agg) | токойлуу | tokojluu |

foresta (f) fitta	чытырман токой	tʃɨtɨrman tokoj
boschetto (m)	токойчо	tokojtʃo
radura (f)	аянт	ajant

| roveto (m) | бадал | badal |
| boscaglia (f) | бадал | badal |

| sentiero (m) | чыйыр жол | tʃɨjɨr dʒol |
| calanco (m) | жар | dʒar |

albero (m)	дарак	darak
foglia (f)	жалбырак	dʒalbɨrak
fogliame (m)	жалбырак	dʒalbɨrak

caduta (f) delle foglie	жалбырак түшүү мезгили	dʒalbɨrak tyʃyy mezgili
cadere (vi)	түшүү	tyʃyy
cima (f)	чоку	tʃoku

ramo (m), ramoscello (m)	бутак	butak
ramo (m)	бутак	butak
gemma (f)	бүчүр	bytʃyr
ago (m)	ийне	ijne
pigna (f)	тобурчак	toburtʃak

cavità (f)	көңдөй	køŋdøj
nido (m)	уя	uja
tana (f) (del fox, ecc.)	ийин	ijin

tronco (m)	сеңгек	søŋgøk
radice (f)	тамыр	tamɨr
corteccia (f)	кыртыш	kɨrtɨʃ
musco (m)	мох	moχ

sradicare (vt)	думурун казуу	dymyryn kazuu
abbattere (~ un albero)	кыюу	kɨjɵu
disboscare (vt)	токойду кыюу	tokojdu kɨjɵu
ceppo (m)	думур	dymyr
falò (m)	от	ot
incendio (m) boschivo	өрт	ørt

spegnere (vt)	өчүрүү	øtʃyryy
guardia (f) forestale	токойчу	tokojtʃu
protezione (f)	өсүмдүктөрдү коргоо	øsymdyktørdy korgoo
proteggere (~ la natura)	сактоо	saktoo
bracconiere (m)	браконьер	brakonjer
tagliola (f) (~ per orsi)	капкан	kapkan

raccogliere (~ i funghi)	терүү	teryy
cogliere (~ le fragole)	терүү	teryy
perdersi (vr)	адашып кетүү	adaʃip ketyy

171. Risorse naturali

risorse (f pl) naturali	жаратылыш байлыктары	dʒaratılıʃ bajlıktarı
minerali (m pl)	пайдалуу кендер	pajdaluu kender
deposito (m) (~ di carbone)	кен	ken
giacimento (m) (~ petrolifero)	кендүү жер	kendyy dʒer

estrarre (vt)	казуу	kazuu
estrazione (f)	казуу	kazuu
minerale (m) grezzo	кен	ken
miniera (f)	шахта	ʃaxta
pozzo (m) di miniera	шахта	ʃaxta
minatore (m)	кенчи	kentʃi

gas (m)	газ	gaz
gasdotto (m)	газопровод	gazoprovod

petrolio (m)	мунайзат	munajzat
oleodotto (m)	мунайзар түтүгү	munajzar tytygy
torre (f) di estrazione	мунайзат скважинасы	munajzat skvadʒinasɪ
torre (f) di trivellazione	мунайзат мунарасы	munajzat munarasɪ
petroliera (f)	танкер	tanker

sabbia (f)	кум	kum
calcare (m)	акиташ	akitaʃ
ghiaia (f)	шагыл	ʃagıl
torba (f)	торф	torf
argilla (f)	ылай	ılaj
carbone (m)	көмүр	kømyr

ferro (m)	темир	temir
oro (m)	алтын	altın
argento (m)	күмүш	kymyʃ
nichel (m)	никель	nikelʲ
rame (m)	жез	dʒez

zinco (m)	цинк	tsınk
manganese (m)	марганец	marganets
mercurio (m)	сымап	sımap
piombo (m)	коргошун	korgoʃun

minerale (m)	минерал	mineral
cristallo (m)	кристалл	kristall

| marmo (m) | мрамор | mramor |
| uranio (m) | уран | uran |

La Terra. Parte 2

172. Tempo

tempo (m)	аба-ырайы	aba-ırajı
previsione (f) del tempo	аба-ырайы боюнча маалымат	aba-ırajı bojuntʃa maalımat
temperatura (f)	температура	temperatura
termometro (m)	термометр	termometr
barometro (m)	барометр	barometr
umido (agg)	нымдуу	nımduu
umidità (f)	ным	nım
caldo (m), afa (f)	ысык	ısık
molto caldo (agg)	кыйын ысык	kıjın ısık
fa molto caldo	ысык	ısık
fa caldo	жылуу	dʒıluu
caldo, mite (agg)	жылуу	dʒıluu
fa freddo	суук	suuk
freddo (agg)	суук	suuk
sole (m)	күн	kyn
splendere (vi)	күн тийүү	kyn tijyy
di sole (una giornata ~)	күн ачык	kyn atʃık
sorgere, levarsi (vr)	чыгуу	tʃıguu
tramontare (vi)	батуу	batuu
nuvola (f)	булут	bulut
nuvoloso (agg)	булуттуу	buluttuu
nube (f) di pioggia	булут	bulut
nuvoloso (agg)	күн бүркөк	kyn byrkøk
pioggia (f)	жамгыр	dʒamgır
piove	жамгыр жаап жатат	dʒamgır dʒaap dʒatat
piovoso (agg)	жаандуу	dʒaanduu
piovigginare (vi)	дыбыратуу	dıbıratuu
pioggia (f) torrenziale	нөшөрлөгөн жаан	nøʃørløgøn dʒaan
acquazzone (m)	нөшөр	nøʃør
forte (una ~ pioggia)	катуу	katuu
pozzanghera (f)	көлчүк	køltʃyk
bagnarsi (~ sotto la pioggia)	суу болуу	suu boluu
foschia (f), nebbia (f)	туман	tuman
nebbioso (agg)	тумандуу	tumanduu
neve (f)	кар	kar
nevica	кар жаап жатат	kar dʒaap dʒatat

173. Rigide condizioni metereologiche. Disastri naturali

temporale (m)	чагылгандуу жаан	ʧagɪlganduu ʤaan
fulmine (f)	чагылган	ʧagɪlgan
lampeggiare (vi)	жарк этүү	ʤark etyy
tuono (m)	күн күркүрөө	kyn kyrkyrøø
tuonare (vi)	күн күркүрөө	kyn kyrkyrøø
tuona	күн күркүрөп жатат	kyn kyrkyrøp ʤatat
grandine (f)	мөндүр	møndyr
grandina	мөндүр түшүп жатат	møndyr tyʃyp ʤatat
inondare (vt)	суу каптоо	suu kaptoo
inondazione (f)	ташкын	taʃkɪn
terremoto (m)	жер титирөө	ʤer titirøø
scossa (f)	жердин силкиниши	ʤerdin silkiniʃi
epicentro (m)	эпицентр	epiʦentr
eruzione (f)	атырылып чыгуу	atɪrɪlɪp ʧɪguu
lava (f)	лава	lava
tromba (f) d'aria	куюн	kujʉn
tornado (m)	торнадо	tornado
tifone (m)	тайфун	tajfun
uragano (m)	бороон	boroon
tempesta (f)	бороон чапкын	boroon ʧapkɪn
tsunami (m)	цунами	ʦunami
ciclone (m)	циклон	ʦɪklon
maltempo (m)	жаан-чачындуу күн	ʤaan-ʧaʧɪnduu kyn
incendio (m)	өрт	ørt
disastro (m)	кыйроо	kɪjroo
meteorite (m)	метеорит	meteorit
valanga (f)	көчкү	køʧky
slavina (f)	кар көчкүсү	kar køʧkysy
tempesta (f) di neve	кар бороону	kar boroonu
bufera (f) di neve	бурганак	burganak

Fauna

174. Mammiferi. Predatori

predatore (m)	жырткыч	dʒɪrtkɪtʃ
tigre (f)	жолборс	dʒolbors
leone (m)	арстан	arstan
lupo (m)	карышкыр	karɪʃkɪr
volpe (m)	түлкү	tylky
giaguaro (m)	ягуар	jaguar
leopardo (m)	леопард	leopard
ghepardo (m)	гепард	gepard
pantera (f)	пантера	pantera
puma (f)	пума	puma
leopardo (m) delle nevi	илбирс	ilbirs
lince (f)	сүлөөсүн	syløøsyn
coyote (m)	койот	kojot
sciacallo (m)	чөө	tʃøø
iena (f)	гиена	giena

175. Animali selvatici

animale (m)	жаныбар	dʒanɪbar
bestia (f)	жапайы жаныбар	dʒapajɪ dʒanɪbar
scoiattolo (m)	тыйын чычкан	tɪjɪn tʃɪtʃkan
riccio (m)	кирпичечен	kirpitʃetʃen
lepre (f)	коен	koen
coniglio (m)	коен	koen
tasso (m)	кашкулак	kaʃkulak
procione (f)	енот	enot
criceto (m)	хомяк	χomʲak
marmotta (f)	суур	suur
talpa (f)	момолой	momoloj
topo (m)	чычкан	tʃɪtʃkan
ratto (m)	келемиш	kelemiʃ
pipistrello (m)	жарганат	dʒarganat
ermellino (m)	арс чычкан	ars tʃɪtʃkan
zibellino (m)	киш	kiʃ
martora (f)	суусар	suusar
donnola (f)	ласка	laska
visone (m)	норка	norka

castoro (m)	кемчет	kemtʃet
lontra (f)	кундуз	kunduz
cavallo (m)	жылкы	dʒılkı
alce (m)	багыш	bagıʃ
cervo (m)	бугу	bugu
cammello (m)	төө	tøø
bisonte (m) americano	бизон	bizon
bisonte (m) europeo	зубр	zubr
bufalo (m)	буйвол	bujvol
zebra (f)	зебра	zebra
antilope (f)	антилопа	antilopa
capriolo (m)	элик	elik
daino (m)	лань	lanʲ
camoscio (m)	жейрен	dʒejren
cinghiale (m)	каман	kaman
balena (f)	кит	kit
foca (f)	тюлень	tɨlenʲ
tricheco (m)	морж	mordʒ
otaria (f)	деңиз мышыгы	deŋiz mıʃıgı
delfino (m)	дельфин	delʲfin
orso (m)	аюу	ajɥu
orso (m) bianco	ак аюу	ak ajɥu
panda (m)	панда	panda
scimmia (f)	маймыл	majmıl
scimpanzè (m)	шимпанзе	ʃimpanze
orango (m)	орангутанг	orangutang
gorilla (m)	горилла	gorilla
macaco (m)	макака	makaka
gibbone (m)	гиббон	gibbon
elefante (m)	пил	pil
rinoceronte (m)	керик	kerik
giraffa (f)	жираф	dʒiraf
ippopotamo (m)	бегемот	begemot
canguro (m)	кенгуру	kenguru
koala (m)	коала	koala
mangusta (f)	мангуст	mangust
cincillà (f)	шиншилла	ʃinʃilla
moffetta (f)	скунс	skuns
istrice (m)	чүткөр	tʃytkør

176. Animali domestici

gatta (f)	ургаачы мышык	urgaatʃı mıʃık
gatto (m)	эркек мышык	erkek mıʃık
cane (m)	ит	it

cavallo (m)	жылкы	dʒılkı
stallone (m)	айгыр	ajgır
giumenta (f)	бээ	bee

mucca (f)	уй	uj
toro (m)	бука	buka
bue (m)	өгүз	øgyz

pecora (f)	кой	koj
montone (m)	кочкор	kotʃkor
capra (f)	эчки	etʃki
caprone (m)	теке	teke

| asino (m) | эшек | eʃek |
| mulo (m) | качыр | katʃır |

porco (m)	чочко	tʃotʃko
porcellino (m)	торопой	toropoj
coniglio (m)	коен	koen

| gallina (f) | тоок | took |
| gallo (m) | короз | koroz |

anatra (f)	өрдөк	ørdøk
maschio (m) dell'anatra	эркек өрдөк	erkek ørdøk
oca (f)	каз	kaz

| tacchino (m) | күрп | kyrp |
| tacchina (f) | ургаачы күрп | urgaatʃı kyrp |

animali (m pl) domestici	үй жаныбарлары	yj dʒanıbarları
addomesticato (agg)	колго үйрөтүлгөн	kolgo yjrøtylgøn
addomesticare (vt)	колго үйрөтүү	kolgo yjrøtyy
allevare (vt)	өстүрүү	østyryy

fattoria (f)	ферма	ferma
pollame (m)	үй канаттулары	yj kanattuları
bestiame (m)	мал	mal
branco (m), mandria (f)	бада	bada

scuderia (f)	аткана	atkana
porcile (m)	чочкокана	tʃotʃkokana
stalla (f)	уйкана	ujkana
conigliera (f)	коенкана	koenkana
pollaio (m)	тоокана	tookana

177. Cani. Razze canine

cane (m)	ит	it
cane (m) da pastore	овчарка	ovtʃarka
pastore (m) tedesco	немис овчаркасы	nemis ovtʃarkası
barbone (m)	пудель	pudelⁱ
bassotto (m)	такса	taksa
bulldog (m)	бульдог	bulⁱdog

boxer (m)	боксёр	boksʲor
mastino (m)	мастиф	mastif
rottweiler (m)	ротвейлер	rotvejler
dobermann (m)	доберман	doberman

bassotto (m)	бассет	basset
bobtail (m)	бобтейл	bobtejl
dalmata (m)	далматинец	dalmatinets
cocker (m)	кокер-спаниэль	koker-spanielʲ

terranova (m)	ньюфаундленд	njʉfaundlend
sanbernardo (m)	сенбернар	senbernar

husky (m)	хаски	χaski
chow chow (m)	чау-чау	ʧau-ʧau
volpino (m)	шпиц	ʃpits
carlino (m)	мопс	mops

178. Versi emessi dagli animali

abbaiamento (m)	үрүү	yryy
abbaiare (vi)	үрүү	yryy
miagolare (vi)	миёлоо	mijoloo
fare le fusa	мырылдоо	mırıldoo

muggire (vacca)	маароо	maaroo
muggire (toro)	өкүрүү	økyryy
ringhiare (vi)	ырылдоо	ırıldoo

ululato (m)	уулуу	uuluu
ululare (vi)	уулуу	uuluu
guaire (vi)	кыңшылоо	kıŋʃiloo

belare (pecora)	маароо	maaroo
grugnire (maiale)	коркулдоо	korkuldoo
squittire (vi)	чаңыруу	ʧaŋıruu

gracidare (rana)	чардоо	ʧardoo
ronzare (insetto)	зыңылдоо	zıŋıldoo
frinire (vi)	чырылдоо	ʧırıldoo

179. Uccelli

uccello (m)	куш	kuʃ
colombo (m), piccione (m)	көгүчкөн	køgyʧkøn
passero (m)	таранчы	taranʧı
cincia (f)	синица	sinitsa
gazza (f)	сагызган	sagızgan

corvo (m)	кузгун	kuzgun
cornacchia (f)	карга	karga
taccola (f)	таан	taan

corvo (m) nero	чаркарга	ʧarkarga
anatra (f)	өрдөк	ørdøk
oca (f)	каз	kaz
fagiano (m)	кыргоол	kırgool
aquila (f)	бүркүт	byrkyt
astore (m)	ителги	itelgi
falco (m)	шумкар	ʃumkar
grifone (m)	жору	dʒoru
condor (m)	кондор	kondor
cigno (m)	аккуу	akkuu
gru (f)	турна	turna
cicogna (f)	илегилек	ilegilek
pappagallo (m)	тотукуш	totukuʃ
colibrì (m)	колибри	kolibri
pavone (m)	тоос	toos
struzzo (m)	төө куш	tøø kuʃ
airone (m)	көк кытан	køk kıtan
fenicottero (m)	фламинго	flamingo
pellicano (m)	биргазан	birgazan
usignolo (m)	булбул	bulbul
rondine (f)	чабалекей	ʧabalekej
tordo (m)	таркылдак	tarkıldak
tordo (m) sasello	сайрагыч таркылдак	sajragıʧ tarkıldak
merlo (m)	кара таңдай таркылдак	kara taŋdaj tarkıldak
rondone (m)	кардыгач	kardıgaʧ
allodola (f)	торгой	torgoj
quaglia (f)	бөдөнө	bødønø
picchio (m)	тоңкулдак	toŋkuldak
cuculo (m)	күкүк	kykyk
civetta (f)	мыкый үкү	mıkıj yky
gufo (m) reale	үкү	yky
urogallo (m)	керең кур	kereŋ kur
fagiano (m) di monte	кара кур	kara kur
pernice (f)	кекилик	kekilik
storno (m)	чыйырчык	ʧıjırʧık
canarino (m)	канарейка	kanarejka
francolino (m) di monte	токой чили	tokoj ʧili
fringuello (m)	зяблик	zʲablik
ciuffolotto (m)	снегирь	snegirʲ
gabbiano (m)	ак чардак	ak ʧardak
albatro (m)	альбатрос	alʲbatros
pinguino (m)	пингвин	pingvin

180. Uccelli. Cinguettio e versi

cantare (vi)	сайроо	sajroo
gridare (vi)	кыйкыруу	kıjkıruu
cantare (gallo)	"күкирикү" деп кыйкыруу	kykiriky' dep kıjkıruu
chicchirichì (m)	күкирикү	kykiriky
chiocciare (gallina)	какылдоо	kakıldoo
gracchiare (vi)	каркылдоо	karkıldoo
fare qua qua	бакылдоо	bakıldoo
pigolare (vi)	чыйылдоо	tʃıjıldoo
cinguettare (vi)	чырылдоо	tʃırıldoo

181. Pesci. Animali marini

abramide (f)	лещ	leʃtʃ
carpa (f)	карп	karp
perca (f)	окунь	okunʲ
pesce (m) gatto	жаян	dʒajan
luccio (m)	чортон	tʃorton
salmone (m)	лосось	lososʲ
storione (m)	осётр	osʲotr
aringa (f)	сельдь	selʲdʲ
salmone (m)	сёмга	sʲomga
scombro (m)	скумбрия	skumbrija
sogliola (f)	камбала	kambala
lucioperca (f)	судак	sudak
merluzzo (m)	треска	treska
tonno (m)	тунец	tunets
trota (f)	форель	forelʲ
anguilla (f)	угорь	ugorʲ
torpedine (f)	скат	skat
murena (f)	мурена	murena
piranha (f)	пиранья	piranja
squalo (m)	акула	akula
delfino (m)	дельфин	delʲfin
balena (f)	кит	kit
granchio (m)	краб	krab
medusa (f)	медуза	meduza
polpo (m)	сегиз бут	segiz but
stella (f) marina	деңиз жылдызы	deŋiz dʒıldızı
riccio (m) di mare	деңиз кирписи	deŋiz kirpisi
cavalluccio (m) marino	деңиз тайы	deŋiz tajı
ostrica (f)	устрица	ustritsa
gamberetto (m)	креветка	krevetka

| astice (m) | омар | omar |
| aragosta (f) | лангуст | langust |

182. Anfibi. Rettili

| serpente (m) | жылан | dʒılan |
| velenoso (agg) | уулуу | uuluu |

vipera (f)	кара чаар жылан	kara tʃaar dʒılan
cobra (m)	кобра	kobra
pitone (m)	питон	piton
boa (m)	удав	udav

biscia (f)	сары жылан	sarı dʒılan
serpente (m) a sonagli	шакылдак жылан	ʃakıldak dʒılan
anaconda (f)	анаконда	anakonda

lucertola (f)	кескелдирик	keskeldirik
iguana (f)	игуана	iguana
varano (m)	эчкемер	etʃkemer
salamandra (f)	саламандра	salamandra
camaleonte (m)	хамелеон	χameleon
scorpione (m)	чаян	tʃajan

tartaruga (f)	ташбака	taʃbaka
rana (f)	бака	baka
rospo (m)	курбака	kurbaka
coccodrillo (m)	крокодил	krokodil

183. Insetti

insetto (m)	курт-кумурска	kurt-kumurska
farfalla (f)	көпөлөк	køpøløk
formica (f)	кумурска	kumurska
mosca (f)	чымын	tʃımın
zanzara (f)	чиркей	tʃirkej
scarabeo (m)	коңуз	koŋuz

vespa (f)	аары	aarı
ape (f)	бал аары	bal aarı
bombo (m)	жапан аары	dʒapan aarı
tafano (m)	көгөөн	køgøøn

| ragno (m) | жөргөмүш | dʒørgømyʃ |
| ragnatela (f) | желе | dʒele |

libellula (f)	ийнелик	ijnelik
cavalletta (f)	чегиртке	tʃegirtke
farfalla (f) notturna	көпөлөк	køpøløk

| scarafaggio (m) | таракан | tarakan |
| zecca (f) | кене | kene |

| pulce (f) | бүргө | byrgø |
| moscerino (m) | майда чымын | majda ʧɪmɪn |

locusta (f)	чегиртке	ʧegirtke
lumaca (f)	үлүл	ylyl
grillo (m)	кара чегиртке	kara ʧegirtke
lucciola (f)	жалтырак коңуз	dʒaltɪrak koŋuz
coccinella (f)	айланкөчөк	ajlankøʧøk
maggiolino (m)	саратан коңуз	saratan koŋuz

sanguisuga (f)	сүлүк	sylyk
bruco (m)	каз таман	kaz taman
verme (m)	жер курту	dʒer kurtu
larva (f)	курт	kurt

184. Animali. Parti del corpo

becco (m)	тумшук	tumʃuk
ali (f pl)	канаттар	kanattar
zampa (f)	чеңгел	ʧeŋgel
piumaggio (m)	куштун жүнү	kuʃtun dʒyny
penna (f), piuma (f)	канат	kanat
cresta (f)	көкүлчө	køkylʧø

branchia (f)	бакалоор	bakaloor
uova (f pl)	балык уругу	balɪk urugu
larva (f)	курт	kurt
pinna (f)	сүзгүч	syzgyʧ
squama (f)	кабырчык	kabɪrʧɪk

zanna (f)	азуу тиш	azuu tiʃ
zampa (f)	таман	taman
muso (m)	тумшук	tumʃuk
bocca (f)	ооз	ooz
coda (f)	куйрук	kujruk
baffi (m pl)	мурут	murut

| zoccolo (m) | туяк | tujak |
| corno (m) | мүйүз | myjyz |

carapace (f)	калканч	kalkanʧ
conchiglia (f)	үлүл кабыгы	ylyl kabɪgɪ
guscio (m) dell'uovo	кабык	kabɪk

| pelo (m) | жүн | dʒyn |
| pelle (f) | тери | teri |

185. Animali. Ambiente naturale

ambiente (m) naturale	жашоо чөйрөсү	dʒaʃoo ʧøjrøsy
migrazione (f)	миграция	migraʦija
monte (m), montagna (f)	тоо	too

| scogliera (f) | риф | rif |
| falesia (f) | зоока | zooka |

foresta (f)	токой	tokoj
giungla (f)	джунгли	ʤungli
savana (f)	саванна	savanna
tundra (f)	тундра	tundra

steppa (f)	талаа	talaa
deserto (m)	чөл	ʧøl
oasi (f)	оазис	oazis

mare (m)	деңиз	deŋiz
lago (m)	көл	køl
oceano (m)	мухит	muχit

palude (f)	саз	saz
di acqua dolce	тузсуз суулу көл	tuzsuz suulu køl
stagno (m)	жасалма көлмө	ʤasalma kølmø
fiume (m)	дарыя	darıja

tana (f) (dell'orso)	ийин	ijin
nido (m)	уя	uja
cavità (f) (~ in un albero)	көңдөй	køŋdøj
tana (f) (del fox, ecc.)	ийин	ijin
formicaio (m)	кумурска уюгу	kumurska ujʉgu

Flora

186. Alberi

albero (m)	дарак	darak
deciduo (agg)	жалбырактуу	dʒalbıraktuu
conifero (agg)	ийне жалбырактуулар	ijne dʒalbıraktuular
sempreverde (agg)	дайым жашыл	dajım dʒaʃıl
melo (m)	алма бак	alma bak
pero (m)	алмурут бак	almurut bak
ciliegio (m)	гилас	gilas
amareno (m)	алча	altʃa
prugno (m)	кара өрүк	kara øryk
betulla (f)	ак кайың	ak kajıŋ
quercia (f)	эмен	emen
tiglio (m)	жөкө дарак	dʒøkø darak
pioppo (m) tremolo	бай терек	baj terek
acero (m)	клён	klʲon
abete (m)	кара карагай	kara karagaj
pino (m)	карагай	karagaj
larice (m)	лиственница	listvennitsa
abete (m) bianco	пихта	piχta
cedro (m)	кедр	kedr
pioppo (m)	терек	terek
sorbo (m)	четин	tʃetin
salice (m)	мажүрүм тал	madʒyrym tal
alno (m)	ольха	olʲχa
faggio (m)	бук	buk
olmo (m)	кара жыгач	kara dʒıgatʃ
frassino (m)	ясень	jasenʲ
castagno (m)	каштан	kaʃtan
magnolia (f)	магнолия	magnolija
palma (f)	пальма	palʲma
cipresso (m)	кипарис	kiparis
mangrovia (f)	мангро дарагы	mangro daragı
baobab (m)	баобаб	baobab
eucalipto (m)	эвкалипт	evkalipt
sequoia (f)	секвойя	sekvoja

187. Arbusti

cespuglio (m)	бадал	badal
arbusto (m)	бадал	badal

vite (f)	жүзүм	dʒyzym
vigneto (m)	жүзүмдүк	dʒyzymdyk
lampone (m)	дан куурай	dan kuuraj
ribes (m) nero	кара карагат	kara karagat
ribes (m) rosso	кызыл карагат	kızıl karagat
uva (f) spina	крыжовник	krıdʒovnik
acacia (f)	акация	akatsija
crespino (m)	бөрү карагат	børy karagat
gelsomino (m)	жасмин	dʒasmin
ginepro (m)	кара арча	kara artʃa
roseto (m)	роза бадалы	roza badalı
rosa (f) canina	ит мурун	it murun

188. Funghi

fungo (m)	козу карын	kozu karın
fungo (m) commestibile	желе турган козу карын	dʒele turgan kozu karın
fungo (m) velenoso	уулуу козу карын	uuluu kozu karın
cappello (m)	козу карындын телпеги	kozu karındın telpegi
gambo (m)	аякчасы	ajaktʃası
porcino (m)	ак козу карын	ak kozu karın
boleto (m) rufo	подосиновик	podosinovik
porcinello (m)	подберёзовик	podberʲozovik
gallinaccio (m)	лисичка	lisitʃka
rossola (f)	сыроежка	sıroedʒka
spugnola (f)	сморчок	smortʃok
ovolaccio (m)	мухомор	muχomor
fungo (m) moscario	поганка	poganka

189. Frutti. Bacche

frutto (m)	мөмө-жемиш	mømø-dʒemiʃ
frutti (m pl)	мөмө-жемиш	mømø-dʒemiʃ
mela (f)	алма	alma
pera (f)	алмурут	almurut
prugna (f)	кара өрүк	kara øryk
fragola (f)	кулпунай	kulpunaj
amarena (f)	алча	altʃa
ciliegia (f)	гилас	gilas
uva (f)	жүзүм	dʒyzym
lampone (m)	дан куурай	dan kuuraj
ribes (m) nero	кара карагат	kara karagat
ribes (m) rosso	кызыл карагат	kızıl karagat
uva (f) spina	крыжовник	krıdʒovnik

mirtillo (m) di palude	клюква	klʉkva
arancia (f)	апельсин	apelˈsin
mandarino (m)	мандарин	mandarin
ananas (m)	ананас	ananas
banana (f)	банан	banan
dattero (m)	курма	kurma
limone (m)	лимон	limon
albicocca (f)	өрүк	øryk
pesca (f)	шабдаалы	ʃabdaalı
kiwi (m)	киви	kivi
pompelmo (m)	грейпфрут	grejpfrut
bacca (f)	жер жемиш	dʒer dʒemiʃ
bacche (f pl)	жер жемиштер	dʒer dʒemiʃter
mirtillo (m) rosso	брусника	brusnika
fragola (f) di bosco	кызылгат	kızılgat
mirtillo (m)	кара моюл	kara mojʉl

190. Fiori. Piante

fiore (m)	гүл	gyl
mazzo (m) di fiori	десте	deste
rosa (f)	роза	roza
tulipano (m)	жоогазын	dʒoogazın
garofano (m)	гвоздика	gvozdika
gladiolo (m)	гладиолус	gladiolus
fiordaliso (m)	ботокөз	botokøz
campanella (f)	коңгуроо гүл	koŋguroo gyl
soffione (m)	каакым-кукум	kaakım-kukum
camomilla (f)	ромашка	romaʃka
aloe (m)	алоэ	aloe
cactus (m)	кактус	kaktus
ficus (m)	фикус	fikus
giglio (m)	лилия	lilija
geranio (m)	герань	geranʲ
giacinto (m)	гиацинт	giatsint
mimosa (f)	мимоза	mimoza
narciso (m)	нарцисс	nartsiss
nasturzio (m)	настурция	nasturtsija
orchidea (f)	орхидея	orχideja
peonia (f)	пион	pion
viola (f)	бинапша	binapʃa
viola (f) del pensiero	алагүл	alagyl
nontiscordardimé (m)	незабудка	nezabudka
margherita (f)	маргаритка	margaritka
papavero (m)	кызгалдак	kızgaldak

| canapa (f) | наша | naʃa |
| menta (f) | жалбыз | dʒalbız |

| mughetto (m) | ландыш | landıʃ |
| bucaneve (m) | байчечекей | bajtʃetʃekej |

ortica (f)	чалкан	tʃalkan
acetosa (f)	ат кулак	at kulak
ninfea (f)	чөмүч баш	tʃømytʃ baʃ
felce (f)	папоротник	paporotnik
lichene (m)	лишайник	liʃajnik

serra (f)	күнөскана	kynøskana
prato (m) erboso	газон	gazon
aiuola (f)	клумба	klumba

pianta (f)	өсүмдүк	øsymdyk
erba (f)	чөп	tʃøp
filo (m) d'erba	бир тал чөп	bir tal tʃøp

foglia (f)	жалбырак	dʒalbırak
petalo (m)	гүлдүн желекчеси	gyldyn dʒelektʃesi
stelo (m)	сабак	sabak
tubero (m)	жемиш тамыр	dʒemiʃ tamır

| germoglio (m) | өсмө | øsmø |
| spina (f) | тикен | tiken |

fiorire (vi)	гүлдөө	gyldøø
appassire (vi)	соолуу	sooluu
odore (m), profumo (m)	жыт	dʒıt
tagliare (~ i fiori)	кесүү	kesyy
cogliere (vt)	үзүү	yzyy

191. Cereali, granaglie

grano (m)	дан	dan
cereali (m pl)	дан эгиндери	dan eginderi
spiga (f)	машак	maʃak

frumento (m)	буудай	buudaj
segale (f)	кара буудай	kara buudaj
avena (f)	сулу	sulu
miglio (m)	таруу	taruu
orzo (m)	арпа	arpa
mais (m)	жүгөрү	dʒygøry
riso (m)	күрүч	kyrytʃ
grano (m) saraceno	гречиха	gretʃixa

pisello (m)	нокот	nokot
fagiolo (m)	төө буурчак	tøø buurtʃak
soia (f)	соя	soja
lenticchie (f pl)	жасмык	dʒasmık
fave (f pl)	буурчак	buurtʃak

GEOGRAFIA REGIONALE

Paesi. Nazionalità

192. Politica. Governo. Parte 1

politica (f)	саясат	sajasat
politico (agg)	саясий	sajasij
politico (m)	саясатчы	sajasattʃı
stato (m) (nazione, paese)	мамлекет	mamleket
cittadino (m)	жаран	dʒaran
cittadinanza (f)	жарандык	dʒarandık
emblema (m) nazionale	улуттук герб	uluttuk gerb
inno (m) nazionale	мамлекеттик гимн	mamlekettik gimn
governo (m)	өкмөт	økmøt
capo (m) di Stato	мамлекет башчысы	mamleket baʃtʃısı
parlamento (m)	парламент	parlament
partito (m)	партия	partija
capitalismo (m)	капитализм	kapitalizm
capitalistico (agg)	капиталистик	kapitalistik
socialismo (m)	социализм	sotsializm
socialista (agg)	социалистик	sotsialistik
comunismo (m)	коммунизм	kommunizm
comunista (agg)	коммунистик	kommunistik
comunista (m)	коммунист	kommunist
democrazia (f)	демократия	demokratija
democratico (m)	демократ	demokrat
democratico (agg)	демократиялык	demokratijalık
partito (m) democratico	демократиялык партия	demokratijalık partija
liberale (m)	либерал	liberal
liberale (agg)	либералдык	liberaldık
conservatore (m)	консерватор	konservator
conservatore (agg)	консервативдик	konservativdik
repubblica (f)	республика	respublika
repubblicano (m)	республикачы	respublikatʃı
partito (m) repubblicano	республикалык	respublikalık
elezioni (f pl)	шайлоо	ʃajloo
eleggere (vt)	шайлоо	ʃajloo

| elettore (m) | шайлоочу | ʃajlootʃu |
| campagna (f) elettorale | шайлоо кампаниясы | ʃajloo kampanijası |

votazione (f)	добуш	dobuʃ
votare (vi)	добуш берүү	dobuʃ beryy
diritto (m) di voto	добуш берүү укугу	dobuʃ beryy ukugu

candidato (m)	талапкер	talapker
candidarsi (vr)	талапкерлигин көрсөтүү	talapkerligin kørsøtyy
campagna (f)	кампания	kampanija

| d'opposizione (agg) | оппозициялык | oppozitsijalık |
| opposizione (f) | оппозиция | oppozitsija |

visita (f)	визит	vizit
visita (f) ufficiale	расмий визит	rasmij vizit
internazionale (agg)	эл аралык	el aralık

| trattative (f pl) | сүйлөшүүлөр | syjløʃyylør |
| negoziare (vi) | сүйлөшүүлөр жүргүзүү | syjløʃyylør dʒyrgyzyy |

193. Politica. Governo. Parte 2

società (f)	коом	koom
costituzione (f)	конституция	konstitutsija
potere (m) (~ politico)	бийлик	bijlik
corruzione (f)	коррупция	korruptsija

| legge (f) | мыйзам | mıjzam |
| legittimo (agg) | мыйзамдуу | mıjzamduu |

| giustizia (f) | адилеттик | adilettik |
| giusto (imparziale) | адилеттүү | adilettyy |

comitato (m)	комитет	komitet
disegno (m) di legge	мыйзам долбоору	mıjzam dolbooru
bilancio (m)	бюджет	budʒet
politica (f)	саясат	sajasat
riforma (f)	реформа	reforma
radicale (agg)	радикалдуу	radikalduu

forza (f) (potenza)	күч	kytʃ
potente (agg)	кудуреттүү	kudurettyy
sostenitore (m)	жактоочу	dʒaktootʃu
influenza (f)	таасир	taasir

regime (m) (~ militare)	түзүм	tyzym
conflitto (m)	чыр-чатак	tʃır-tʃatak
complotto (m)	заговор	zagovor
provocazione (f)	айгак аракети	ajgak araketi

rovesciare (~ un regime)	кулатуу	kulatuu
rovesciamento (m)	кулатуу	kulatuu
rivoluzione (f)	ыңкылап	ıŋkılap

| colpo (m) di Stato | төңкөрүш | tøŋkøryʃ |
| golpe (m) militare | аскердик төңкөрүш | askerdik tøŋkøryʃ |

crisi (f)	каатчылык	kaattʃılık
recessione (f) economica	экономикалык төмөндөө	ekonomikalık tømøndøø
manifestante (m)	демонстрант	demonstrant
manifestazione (f)	демонстрация	demonstratsija
legge (f) marziale	согуш абалында	soguʃ abalında
base (f) militare	аскер базасы	asker bazası

| stabilità (f) | туруктуулук | turuktuuluk |
| stabile (agg) | туруктуу | turuktuu |

| sfruttamento (m) | эзүү | ezyy |
| sfruttare (~ i lavoratori) | эзүү | ezyy |

razzismo (m)	расизм	rasizm
razzista (m)	расист	rasist
fascismo (m)	фашизм	faʃizm
fascista (m)	фашист	faʃist

194. Paesi. Varie

straniero (m)	чет өлкөлүк	tʃet ølkølyk
straniero (agg)	чет өлкөлүк	tʃet ølkølyk
all'estero	чет өлкөдө	tʃet ølkødø

emigrato (m)	эмигрант	emigrant
emigrazione (f)	эмиграция	emigratsija
emigrare (vi)	башка өлкөгө көчүү	baʃka ølkøgø køtʃyy

Ovest (m)	Батыш	batıʃ
Est (m)	Чыгыш	tʃıgıʃ
Estremo Oriente (m)	Алыскы Чыгыш	alıskı tʃıgıʃ

civiltà (f)	цивилизация	tsivilizatsija
umanità (f)	адамзат	adamzat
mondo (m)	аалам	aalam
pace (f)	тынчтык	tıntʃtık
mondiale (agg)	дүйнөлүк	dyjnølyk

patria (f)	мекен	meken
popolo (m)	эл	el
popolazione (f)	калк	kalk
gente (f)	адамдар	adamdar
nazione (f)	улут	ulut
generazione (f)	муун	muun

territorio (m)	аймак	ajmak
regione (f)	регион	region
stato (m)	штат	ʃtat

| tradizione (f) | салт | salt |
| costume (m) | үрп-адат | yrp-adat |

ecologia (f)	экология	ekologija
indiano (m)	индеец	indeets
zingaro (m)	цыган	tsıgan
zingara (f)	цыган аял	tsıgan ajal
di zingaro	цыгандык	tsıgandık

impero (m)	империя	imperija
colonia (f)	колония	kolonija
schiavitù (f)	кулчулук	kultʃuluk
invasione (f)	басып келүү	basıp kelyy
carestia (f)	ачарчылык	atʃartʃılık

195. Principali gruppi religiosi. Credi religiosi

| religione (f) | дин | din |
| religioso (agg) | диний | dinij |

fede (f)	диний ишеним	dinij iʃenim
credere (vi)	ишенүү	iʃenyy
credente (m)	динчил	dintʃil

| ateismo (m) | атеизм | ateizm |
| ateo (m) | атеист | ateist |

cristianesimo (m)	Христианчылык	χristiantʃılık
cristiano (m)	христиан	χristian
cristiano (agg)	христиандык	χristiandık

cattolicesimo (m)	Католицизм	katolitsizm
cattolico (m)	католик	katolik
cattolico (agg)	католиктер	katolikter

Protestantesimo (m)	Протестантизм	protestantizm
Chiesa (f) protestante	Протестанттык чиркөө	protestanttık tʃirkøø
protestante (m)	протестанттар	protestanttar

Ortodossia (f)	Православие	pravoslavie
Chiesa (f) ortodossa	Православдык чиркөө	pravoslavdık tʃirkøø
ortodosso (m)	православдык	pravoslavdık

Presbiterianesimo (m)	Пресвитерианчылык	presviteriantʃılık
Chiesa (f) presbiteriana	Пресвитериандык чиркөө	presviteriandık tʃirkøø
presbiteriano (m)	пресвитериандык	presviteriandık

| Luteranesimo (m) | Лютерандык чиркөө | luterandık tʃirkøø |
| luterano (m) | лютерандык | luterandık |

| confessione (f) battista | Баптизм | baptizm |
| battista (m) | баптист | baptist |

Chiesa (f) anglicana	Англикан чиркөөсү	anglikan tʃirkøøsy
anglicano (m)	англикан	anglikan
mormonismo (m)	Мормондук	mormonduk
mormone (m)	мормон	mormon

giudaismo (m)	Иудаизм	iudaizm
ebreo (m)	иудей	iudej
buddismo (m)	Буддизм	buddizm
buddista (m)	буддист	buddist
Induismo (m)	Индуизм	induizm
induista (m)	индуист	induist
Islam (m)	Ислам	islam
musulmano (m)	мусулман	musulman
musulmano (agg)	мусулмандык	musulmandık
sciismo (m)	Шиизм	ʃiizm
sciita (m)	шиит	ʃiit
sunnismo (m)	Суннизм	sunnizm
sunnita (m)	суннит	sunnit

196. Religioni. Sacerdoti

prete (m)	поп	pop
Papa (m)	Рим Папасы	rim papası
monaco (m)	кечил	ketʃil
monaca (f)	кечил аял	ketʃil ajal
pastore (m)	пастор	pastor
abate (m)	аббат	abbat
vicario (m)	викарий	vikarij
vescovo (m)	епископ	episkop
cardinale (m)	кардинал	kardinal
predicatore (m)	диний үгүттөөчү	dinij ygyttøøtʃy
predica (f)	үгүт	ygyt
parrocchiani (m)	чиркөө коомунун мүчөлөрү	tʃirkøø koomunun mytʃøløry
credente (m)	динчил	dintʃil
ateo (m)	атеист	ateist

197. Fede. Cristianesimo. Islam

Adamo	Адам ата	adam ata
Eva	Обо эне	obo ene
Dio (m)	Кудай	kudaj
Signore (m)	Алла талаа	alla talaa
Onnipotente (m)	Кудуреттүү	kudurettyy
peccato (m)	күнөө	kynøø
peccare (vi)	күнөө кылуу	kynøø kıluu

peccatore (m)	күнөөкөр	kynøøkør
peccatrice (f)	күнөөкөр аял	kynøøkør ajal
inferno (m)	тозок	tozok
paradiso (m)	бейиш	bejiʃ
Gesù	Иса	isa
Gesù Cristo	Иса Пайгамбар	isa pajgambar
Spirito (m) Santo	Ыйык Рух	ıjık ruχ
Salvatore (m)	Куткаруучу	kutkaruutʃu
Madonna	Бүбү Мариям	byby marijam
Diavolo (m)	Шайтан	ʃajtan
del diavolo	шайтан	ʃajtan
Satana (m)	Шайтан	ʃajtan
satanico (agg)	шайтандык	ʃajtandık
angelo (m)	периште	periʃte
angelo (m) custode	сактагыч периште	saktagıtʃ periʃte
angelico (agg)	периште	periʃte
apostolo (m)	апостол	apostol
arcangelo (m)	архангель	arχangelʲ
Anticristo (m)	антихрист	antiχrist
Chiesa (f)	Чиркөө	tʃirkøø
Bibbia (f)	библия	biblija
biblico (agg)	библиялык	biblijalık
Vecchio Testamento (m)	Эзелки осуят	ezelki osujat
Nuovo Testamento (m)	Жаңы осуят	dʒaŋı osujat
Vangelo (m)	Евангелие	evangelie
Sacra Scrittura (f)	Ыйык	ıjık
Il Regno dei Cieli	Жаннат	dʒannat
comandamento (m)	парз	parz
profeta (m)	пайгамбар	pajgambar
profezia (f)	пайгамбар сөзү	pajgambar søzy
Allah	Аллах	allaχ
Maometto	Мухаммед	muχammed
Corano (m)	Куран	kuran
moschea (f)	мечит	metʃit
mullah (m)	мулла	mulla
preghiera (f)	дуба	duba
pregare (vi, vt)	дуба кылуу	duba kıluu
pellegrinaggio (m)	зыярат	zıjarat
pellegrino (m)	зыяратчы	zıjarattʃı
La Mecca (f)	Мекке	mekke
chiesa (f)	чиркөө	tʃirkøø
tempio (m)	ибадаткана	ibadatkana
cattedrale (f)	чоң чиркөө	tʃoŋ tʃirkøø

gotico (agg)	готикалуу	gotikaluu
sinagoga (f)	синагога	sinagoga
moschea (f)	мечит	metʃit

cappella (f)	кичинекей чиркөө	kitʃinekej tʃirkøø
abbazia (f)	аббаттык	abbattık
monastero (m)	монастырь	monastıri

campana (f)	коңгуроо	koŋguroo
campanile (m)	коңгуроо мунарасы	koŋguroo munarası
suonare (campane)	коңгуроо кагуу	koŋguroo kaguu

croce (f)	крест	krest
cupola (f)	купол	kupol
icona (f)	икона	ikona

anima (f)	жан	dʒan
destino (m), sorte (f)	тагдыр	tagdır
male (m)	жамандык	dʒamandık
bene (m)	жакшылык	dʒakʃılık

vampiro (m)	кан соргуч	kan sorgutʃ
strega (f)	жез тумшук	dʒez tumʃuk
demone (m)	шайтан	ʃajtan
spirito (m)	арбак	arbak

| redenzione (f) | күнөөнү жуу | kynøøny dʒuu |
| redimere (vt) | күнөөнү жуу | kynøøny dʒuu |

messa (f)	ибадат	ibadat
dire la messa	ибадат кылуу	ibadat kıluu
confessione (f)	сыр төгүү	sır tøgyy
confessarsi (vr)	сыр төгүү	sır tøgyy

santo (m)	ыйык	ıjık
sacro (agg)	ыйык	ıjık
acqua (f) santa	ыйык суу	ıjık suu

rito (m)	диний ырым-жырым	dinij ırım-dʒırım
rituale (agg)	диний ырым-жырым	dinij ırım-dʒırım
sacrificio (m) (offerta)	курмандык	kurmandık

superstizione (f)	ырым-жырым	ırım-dʒırım
superstizioso (agg)	ырымчыл	ırımtʃıl
vita (f) dell'oltretomba	тиги дүйнө	tigi dyjnø
vita (f) eterna	түбөлүк жашоо	tybølyk dʒaʃoo

VARIE

198. Varie parole utili

aiuto (m)	жардам	dʒardam
barriera (f) (ostacolo)	тоскоолдук	toskoolduk
base (f)	түп	typ
bilancio (m) (equilibrio)	теңдем	teŋdem
categoria (f)	категория	kategorija
causa (f) (ragione)	себеп	sebep
coincidenza (f)	дал келгендик	dal kelgendik
comodo (agg)	ынгайлуу	ıngajluu
compenso (m)	ордун толтуруу	ordun tolturuu
confronto (m)	салыштырма	salıʃtırma
cosa (f) (oggetto, articolo)	буюм	bujum
crescita (f)	өсүү	øsyy
differenza (f)	айырма	ajırma
effetto (m)	таасир	taasir
elemento (m)	элемент	element
errore (m)	ката	kata
esempio (m)	мисал	misal
fatto (m)	далил	dalil
forma (f) (aspetto)	тариз	tariz
frequente (agg)	бат-бат	bat-bat
genere (m) (tipo, sorta)	түр	tyr
grado (m) (livello)	даража	daradʒa
ideale (m)	идеал	ideal
inizio (m)	башталыш	baʃtalıʃ
labirinto (m)	лабиринт	labirint
modo (m) (maniera)	ыкма	ıkma
momento (m)	учур	utʃur
oggetto (m) (cosa)	объект	obʰjekt
originale (m) (non è una copia)	түпнуска	typnuska
ostacolo (m)	тоскоолдук	toskoolduk
parte (f) (~ di qc)	бөлүгү	bølygy
particella (f)	бөлүкчө	bølyktʃø
pausa (f)	токтотуу	toktotuu
pausa (f) (sosta)	тыныгуу	tınıguu
posizione (f)	позиция	pozitsija
principio (m)	усул	usul
problema (m)	көйгөй	køjgøj
processo (m)	жараян	dʒarajan
progresso (m)	өнүгүү	ønygyy

proprietà (f) (qualità)	касиет	kasiet
reazione (f)	реакция	reaktsija
rischio (m)	тобокел	tobokel
ritmo (m)	темп	temp
scelta (f)	тандоо	tandoo
segreto (m)	сыр	sır
serie (f)	катар	katar
sfondo (m)	фон	fon
sforzo (m) (fatica)	күч аракет	kytʃ araket
sistema (m)	тутум	tutum
situazione (f)	кырдаал	kırdaal
soluzione (f)	чечүү	tʃetʃyy
standard (agg)	стандарттуу	standarttuu
standard (m)	стандарт	standart
stile (m)	стиль	stilʲ
sviluppo (m)	өнүгүү	ønygyy
tabella (f) (delle calorie, ecc.)	жадыбал	dʒadıbal
termine (m)	бүтүү	bytyy
termine (m) (parola)	атоо	atoo
tipo (m)	түр	tyr
turno (m) (aspettare il proprio ~)	кезек	kezek
urgente (agg)	шашылыш	ʃaʃılıʃ
urgentemente	шашылыш	ʃaʃılıʃ
utilità (f)	пайда	pajda
variante (f)	вариант	variant
verità (f)	чындык	tʃındık
zona (f)	алкак	alkak